书里书外

（增订本）

— 陈平原 著 —

三联书店

图书在版编目（CIP）数据

书里书外／陈平原著．—增订本．—北京：
生活·读书·新知三联书店，2019.6
ISBN 978－7－108－06340－3

Ⅰ．①书…　Ⅱ．①陈…　Ⅲ．①书评－中国－现代－选集
Ⅳ．① G236

中国版本图书馆 CIP 数据核字（2018）第 131757 号

责任编辑　卫　纯
装帧设计　张　红
责任校对　常高峰
责任印制　宋　家
出版发行　生活·讀書·新知 三联书店
　　　　　（北京市东城区美术馆东街 22 号 100010）
网　　址　www.sdxjpc.com
经　　销　新华书店
印　　刷　北京图文天地制版印刷有限公司
版　　次　2019 年 6 月北京第 1 版
　　　　　2019 年 6 月北京第 1 次印刷
开　　本　787 毫米 × 1092 毫米　1/32　印张 10.75
字　　数　200 千字　图 33 幅
印　　数　0,001－5,000 册
定　　价　49.00 元
（印装查询：01064002715；邮购查询：01084010542）

目录

杂谈书话——代序

未考“书话”一词的真正起源，不过，说它是从“诗话”“词话”“曲话”延伸开来的专谈书籍的文章体裁，大概总不会错吧？按理说，书话当然应该包括《史记·太史公自序》那样的序跋、《日知录》那样的读书札记、《藏书纪事诗》那样记载藏书家事迹的诗文、《书林清话》那样专讲书籍发展历史的著作；可我还是想先从中国古代藏书家的题跋说起，因为现代书话名家多有从此起家的。

郑振铎《劫中得书记·序》云：

然一书之得，其中甘苦，如鱼饮水，冷暖自知。辄识诸书衣，或录载簿册，其体例略类黄荛圃藏书题跋。

唐弢的《晦庵书话·序》中则说：

我写书话，继承了中国传统藏书家题跋一类的文体，我是从这个基础上开始动笔的。我的书话比较接近于加在古书后边的题跋。

周作人、黄裳、谢国桢等人虽不见此类明确的表述，但都写过短小精妙的题跋，如《看书余记》《题跋一束》《瓜蒂庵自藏书》等，当亦是从那条路过来的。

题跋古已有之，不过为世人所推重并发展成为专门的著述形式，却是欧阳修作《杂题跋》二十七篇以后的事。到了明清，辑录前人题跋或者自撰题跋专集刊行的，更是风行一时。明代著名藏书家毛晋甚至为《东坡题跋》《山谷题跋》等十九种题跋专集作题跋。

胡震亨在《毛子晋诸刻题跋引》中称：

书之有题辞也，昉刘向较书叙录，以数言言作者著书大意，惟简质精确为得体。后世晁公武《读书志》、陈直斋《书录解题》稍近之。若曾子固诸书录，汪洋辨博如序论然，既失之；其他苏、黄书传跋，寥寥韵致，言取自适，未必尽中于书，尤去叙录远矣。今子晋语虽多隽，不为苏、黄之佻；辨虽多详，不为曾氏之冗。大抵原本晁、陈两家，以持论为主，而微傅之彩缋，以合于都水氏序跋之遗。

辨别诗文家与学问家两种风格不同的题跋是必要的，只是不该泥古不变，推某一家为正宗。陈振孙《直斋书录解题》作为中国第一部完整的解题目录著作，对自家所藏每种图书的卷帙、作者，以及书籍的版本情况和学术源流，都做了简明介绍，对后世目录学家影响极大。只是陈氏主要是藏书家而非专门学者，对每种书的评介未免肤浅，如李慈铭就批评其“批注寥寥，亦无所发明”。倘若专门家来做题跋，想说的和能说的当然比这要多得多，有什么理由只能如晁、陈寥寥几句解题语？

至于批评苏东坡、黄山谷等人题跋“袭词赋风流之一派”（李毅《隐湖题跋·叙》），更是毫无道理。从目录学家角度来评判诗文家的题跋，当然嫌其轻佻或“仅仅清言冷语逞词翰之机锋已也”；可焉知诗文家不挑剔目录学家的题跋刻板单调或语言无味面目可憎？“盖经学之士，多拙于文章。”（《越缦堂读书记》）“拙于文章”不是什么好事，不是还有一句“言之无文，行而不远”吗？看来最好的办法还是承认诗文家和学问家的题跋各有各的读者对象，各有各的风格特征。

目录学家的题跋要求简洁、准确，能考辨有得那更好，但主要是把书籍的版本、作者和大致内容扼要介绍就行了，不必要做更多的引申发挥。近人张元济的《涉园序跋集录》、潘景郑的《著砚楼书跋》，以及谢国桢的《江浙读书记》，都可归入此类。此类著作很有用，也很有趣，尽可作为书海夜航的向导，不过不能期望它能给你艺术的享受。

郑振铎的《劫中得书记》《劫中得书续记》，唐弢的《书话》《书城八记》以及阿英、黄裳的若干买书、访书、读书札记，都已在评述书籍的同时，渗入不少世态人情的描写，并且颇有顺带抒发情感者。不过，我以为，最能代表现代诗文家的书话写作倾向的，莫过于周作人。以文学家的文字功力，再加上学问家的学识修养，在挥洒自如的谈吐中，往往有所发明，且如老吏断狱，一语中的。这样高水平的书话，古往今来，还不多见。

目录学家就书谈书，周作人则喜欢从书里谈到书外，或者借书里谈书外，把书话当散文、杂文写。民俗、世事、掌故、逸闻，真的是无所不谈，当然也介绍点版本知识。了解周作人的政治理想、生活趣味乃至文学观念，都离不开他所写的书话，只因他喜欢随时随处借题发挥。单看文章题目，你很难预测他想说什么；可读完文章，你又不得不承认他没有完全抛开所评述的书。

目录学家的题跋一般全面、准确，周作人的书话则往往攻其一点，不及其余。作家明显带自己的眼光在书本里寻找自己需要的东西，比如谈人情物理的、谈妇女儿童问题的，保证优先进入周作人的视野，而讲道学的、说报应的，很可能一翻而过，只字不提。就书籍的评判而言，可能不大公允；可就书话本身而言，则是别有心得，自成一家之言。

周作人的书话不只见解独到，而且文章很有韵味，表面平实无华，却很耐读。后来主张把书话当散文写的诸家，其文字往往朝清丽或者俏皮方向发展。这固然也是一格，但我总觉得还是周作人苦茶般的书话耐人寻味。

之所以称为“书话”，而不是“书评”或“书论”，除取其包含散文因素外，更取其写作时的潇洒闲适心境。如老友神聊，夫妇闲话，尽可无拘无束，无始无终。不是“形散神不散”之类的“作闲散科”，而是真正海阔天空，得意忘形，只求有情有趣，不问“中心思想段落大意”。而这最为难得，一分也假不来。不单需要个人修养，还需要一定的文化氛围，否则很难真正放得开。

书话既是从题跋起家，短小精悍、生动活泼应该是其看家本领。不能说那些洋洋洒洒全面把关的长篇书评就一定不是好书话，可我还是比较喜欢那些只有一得之功一孔之见的“品书录”——不管是新书话还是旧题跋。

毛晋称苏东坡、黄庭坚题跋：“凡人物书画，一经二老题跋，非雷非霆，而千载震惊。”

叶圣陶赞唐弢《书话》：“每一篇都是十分漂亮的散文。”

录此，与诸位爱读书话、爱作书话的友人共赏。

1987 年 12 月

〈京华买书记〉

小引

北京这块地方，历史文物不用说了，就是景致风情，也颇有可夸口的。庙会中一人高的糖葫芦串，冬夜里热腾腾、香喷喷的涮羊肉，深秋银杏林中一地金黄的落叶，还有冰雪初化时街道两旁嫩黄的柳芽，这些都曾使我这岭南人激动不已。可说实话，真正吸引我的，还是这儿的"文化空气"。说具体点儿，那就是买书、读书、品书、评书的种种便利、种种乐趣。

当然，我说的只是一个读书人的感觉。如今"读书人"的概念已不同往昔，不再是随时准备出将入相的候补官僚。不久以前——我讲的是20世纪初——还有毕业于外国大学者赏进士，得学士学位者赐翰林之类的好事。如今则不会因为你学问大或者文章做得漂亮，就派你去当市长或省委书记。这也好，终于有了一批纯粹的读书人。北京的官多，北京真正的读书人也多。因而，想借几本好书看看，或者找几个善读书的朋友聊聊，都不是什么难事。何况，还有那各式各样需要经常光顾的书店，可做休息娱乐的场所。

我生也晚，赶不上那书肆林立的年代。当我开始读书的时候，许多人家正忙着卖书、烧书。当我开始买书的时候，书店里又只有《朝霞》《法家著作选读》之类，再加上各式各样的红皮书。真正领略逛书店的乐趣，还是这六七年的事。

每当翻读周作人、郑振铎、阿英，乃至唐弢、黄裳等人情趣盎然的买书记，或者胡适、刘半农、钱穆、谢国桢等人记叙如何获得珍本秘籍的题跋诗文时，都不觉怦然心动。相比之下，我的访书简直不值一提。宋椠元刊明清禁本不用说了，就连大路货的清代刻本也没几部。怨我运气不佳，也怨我眼界太窄，可还有个客观原因：一部朵云轩重梓的《十竹斋书画谱》，要抵我一年半的工资，叫我如何雅得起来？

清人孙庆增在其《藏书纪要》中称“最难事亦最美事最韵事最乐事”的购求书籍有六难：

> 知有是书而无力购求，一难也；力足以求之矣，而所好不在是，二难也；知好之而求之矣，而必欲较其值之多寡大小焉，遂致坐失于一时，不能复购于异日，三难也；不能搜之于书佣，不能求之于旧家，四难也；但知近求，不知远购，五难也；不知鉴识真伪，检点卷数，辨论字纸，贸贸购求，每多缺佚，终无善本，六难也。

对我来说，真是“六难俱备”。照孙君说法，有此“六难”，就不配当藏书家，当然也就不配言访书藏书。尽管如此，我仍深信，每一个喜欢逛书店的读书人，都有其值得诉说的酸甜苦辣。

虽说区区买书小事，无关家国兴亡；不过，北京书业的盛衰起伏、北京人买书的遭遇心境，似乎也是一种值得重视的文化现象。前者虽有孙殿起辑的《琉璃厂小志》，但详于清代而略于民国，解放后则基本付阙；后者未见专门著作，可读的零星文章不少，但也以谈解放前访书的为多。我辈读书不多，访书更有限，可既然希望读到此类文章，就不妨抛砖引玉。

（原刊《中国文化报》1988年2月7日）

燕园

身在北大，买书自然得从燕园讲起。

位于学生宿舍区“三角地带”的新华书店，对北大师生颇有吸引力。不只是买书方便，随时可以把书包或饭盒往门口架子上一搁，进去溜一圈；而且这两年学术思潮进展很快，书店师傅注意学生阅读趣味的转移，不断调整进书布局，大体上学术界热什么，书店很快就能跟上。因此，热门书大都可在校内解决。当然，这得眼疾手快，看到书店门口有人排队，不管三七二十一，冲上去再说，北大学生口味挺高的，一般不会瞎抢没用的书。

新华书店买不到的新书，还可到图书馆旁边的社会科学书店转转。这书店规模很小，也就二十几平方米的营业面积，主要出售中国社会科学出版社、人民文学出版社、三联书店等大社的新书，尤其注重传播新知识的丛书，如美学译文丛书、外国文学丛书、走向未来丛书、新知文库等。很少古典的东西，清一色的热门货。可热门货也很容易变成滞销货，有的丛书时过境迁也就成架成架地躺在那里睡大觉。这就逼得书店特别注重“窥测风向”，营业员会不时跟读者聊上几句，探探你喜欢哪一方面的书。据说有位颇负盛名的老学者还请营业员代为留意一下，学生们最喜欢哪些书，也给他买些。一来了解青年人思考些什么问题，二来青年人喜欢读的书准没错，说不定还代表以后学术发展的趋向。

北大出版社这几年出书不少，也颇有获得好评的。买它的书那就更容易，到读者服务部去一趟就是了。冯友兰的《三松堂学术论文集》、王瑶的《中古文学史论》，以及“文艺美学丛书”中的若干种，我都曾代友人采购过。服务部也卖一点其他出版社的书，但不多。午饭后随便走走，这也是个好去处。

至于外面各出版社到北大来“倾销”降价图书，每年总有好几次。规模小的，把车子开到图书馆前，随便吆喝几声就行了。规模大的，可就要预先贴出广告，届时定然人山人海。大都是在学三食堂前面，拉上几根绳子，隔成几摊，由着师生们翻检。其实书籍不见得好，只不过送上门来的降价书，不要似乎太可惜。大都嘴里埋怨没一本好的，可手上还是捏着好几本，舍不得空手而归。售货员一边喊着“别挤别挤”，一边盯着有没有人把书塞到自家书包里——大学生里照样有“孔乙己”，读书人的事嘛，很难说。

这两年除了书店售书外，还开始出现学生售书的新鲜事。所卖自然是抢手的西方哲学、美学、心理学译作，文学艺术不吃香，法律、经济更不用说了。书能否卖得出去，关键在抢在书店前头，这就必然形成一种竞争。北大师生很快就能买到最新出版的人文科学方面的热门书，奥秘就在这里。这些临时书摊，有学生团体组织的，也有自行组合的，反正照原价出售，赚的不是同学的钱，名声倒也不坏。不像外面书摊，往往奇货可居，私自提价或变相提价。我在海淀街上书摊买《第二性》中译本，摊主就一定要配搭《现代女性手册》和《国外妇女时装》。尽管三本书都跟妇女有关，可这种配搭着实令人不愉快。

每年五六月，北大还有一种小小的书市，毕业班的同学把不再需要的图书作价出售。地点一般也在学三食堂前面，规模不大，景致则颇为可观。胆子大的卖主学着街头小贩大声吆喝，还开着录音机助兴；腼腆的女同学则三五成群，把书籍摊在地上，用两张报纸垫着，并写明一律几折出售，买主尽可随意翻阅，但不必花口舌讨价还价。除了各科教科书外，所售多是文学方面的书刊，大概大学生们谁都做过几天作家梦。买主多为低年级学生；也有研究生和青年教师，那是去“瞄”外专业图书，以便扩大知识面，搞学科渗透的。比如我同宿舍学历史的同学，就在那儿买了好几本挺不错的社会学著作。

（原刊《中国文化报》1988年2月7日）

九城内外

北京到底有多少书店，我说不清；北京人喜欢哪些书店，我也没做过民意测验。我只讲我喜欢逛的几家书店。其余散落全城的书店、书摊，所售之书大同小异，无甚可说；各出版社的读者服务部，专业性强，也无须我说。

一般人买新书，喜欢上王府井新华书店。新华书店原是抗战期间在各革命根据地发展起来的由中共直接领导的出版发行机构，1950年以后才改为专营发行。公私合营后，新华书店、外文书店和中国书店三分天下，不过新华书店占有绝对优势。这几年集体书店、个体书摊出现了不少，可并没有动摇新华书店在书业中的主导地位以及在读者中的威信。北京市新华书店总店设在王府井，三层楼营业，读者可以逛上大半天。这里书进得多，卖得也快，必须赶得巧才能碰到好书。外地人进京都奔这里来；北京人假日里也喜欢到这里转转，大概取其各科书籍齐备，交通也方便，顺便还可以买点儿日杂百货。因而最好不要星期天或者逢年过节时去，

《寒柳堂集》，陈寅恪著，
上海古籍出版社 1980 年

那时准是挤不开身，不是人挑书，而是书挑人。

据胡应麟的《少室山房笔丛》，明代时灯市口曾有书市。入清后不见记载，大概早没了。未曾考证今日灯市口的中国书店是否即位于三百年前书市旧址。即使不是，也不减这书店的魅力。我在这儿买过《丰子恺绘画鲁迅小说》等旧书，新书那就更多了。书店里头还有个内部售书处，专售外文旧书和内部版图书，带上工作证就能进去翻检。因为是机关服务部，星期天休息。这未免有点讨厌，好多坐班的朋友因而难得一顾。

如果说灯市口书店的溯源，纯属我的自由联想；隆福寺旧书店的寻根，可就有确凿的历史根据。当书店的营业员充满自豪感地告诉你，他的店子是从清朝一直传下来时，你千万别笑话。这话得打折扣，可并不全假。分分合合，要寻这书店真正的老祖宗不容易，可这里从清代到民国曾经书肆云集却是不争的事实。乾隆年间李文藻作《琉璃厂书肆记》，称“内城隆福诸寺，遇会期，多有卖书者，谓之赶庙，散帙满地，往往不全而价低”。清代后期起，这里成了仅次于琉璃厂的书籍集散地。据说50年代这里还有三四十家书铺，如今硕果仅存的就这一家了。“文革”中这书店也曾关闭，这几年才重新开张。好在地点比较偏僻，来访书的不多，还能找到一些好书。前不久我就在这里买到陈寅恪的《寒柳堂集》、钱基博的《版本通义》等。

新街口有两家书店，路北为新华书店，路南为中国书店。新华书店门面大，前年刚刚翻修过，挺气派的。可除了法律方面书籍为配合普法教育开架外，余者多只可远观不能近视。隔着三尺柜台看书实在太辛苦，何况单看书名也判断不了好坏，如今书名可是越起越好听。麻烦营业员爬上爬下拿书，又实在于心不忍——当然也怕遭白眼。对面的中国书店门面小得多，但可以自由翻检。冬天里，外面雪花纷飞，屋里几个读书人围着火炉默默地翻书看书，女营业员则咬着耳朵说悄悄话，气氛真好。我在这里买到不少好书，像中华书局版的《晚清文学丛钞·小说卷》八册、三联书店版的《五四时期期刊介绍》六册等成套的书，都是在这里以五六折的价钱买的。这家书店最近在拆除重建，直盼它早日完工重新开张。

首都体育馆前面的“艺文特价书店”，专售社会科学方面的降价书籍，开办至今已有六七年了吧？最近改挂“中国国际图书贸易总公司门市部”的招牌，可营业性质没变。我算这里的老主顾了，因为顺路，每月总要转上两三趟。虽说是降价书，不旧也不脏，有的甚至在外面买都买不到。比如收入冯友兰“新六论”的《三松堂全集》第四、第五册，还有“走向世界丛书”中的若干种，我都是在这儿买的。新书为何降价？大概是因为不配套。不过这不要紧，多转两家旧书店，不配套的也就配套了。

最年轻的旧书店，可能得数位于海淀镇三角地路南的海淀文化书社，是今年9月才开张的。刚开张那阵子，我在这儿买过岑仲勉的《隋唐史》、冯自由的《革命逸史》、谢国桢的《明清之际党社运动考》等。最得意的是买到上海古籍出版社据清雍正刻本影印的《冬心先生集》线装本。金农的诗文我喜欢，更何况此书印刷精美，价钱又特便宜，1979年的定价是三元，如今只卖八毛。不过近来似乎旧书的来源也不大充足，再也未见激动人心的好书。

北京可逛的新书店、旧书店多着呢，细说起来可就太复杂了。

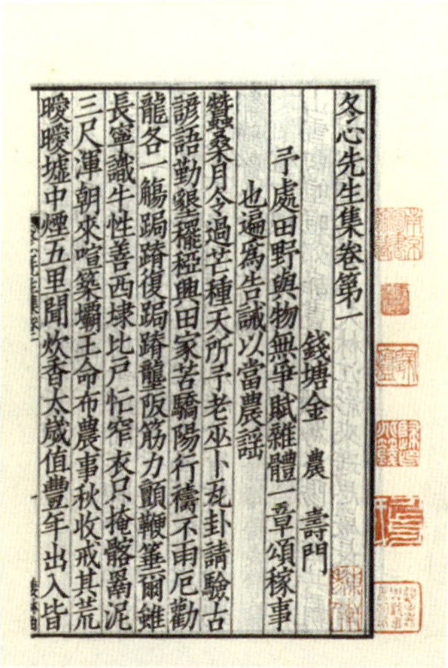

冬心先生集卷第一

錢塘金　農　壽門

予處田野與物無爭賦雜體一章頌稼事

也遍爲告誡以當農謠

蠶桑月令過芒種天所予老巫卜瓦卦請驗古

諺語勤墾穲稏興田家苦驕陽行禱不雨尼勸

龍各一觴跼蹐復跼蹐鼉皷筋力顫鞭箠爾鎚

長寧識牛性善西埭比戶忙窄衣只掩骼蜀泥

三尺渾朝來喧築壩王命布農事秋收戒其荒

曖曖墟中煙五里聞炊香太歲值豐年出入皆

《冬心先生集》线装本，
上海古籍出版社 1979 年影印

不如找来几张印有新华书店、中国书店、外文书店各门市部地址、电话号码的包书纸，自己一个个按图逛店。也许，你会觉得挺有意思的。

（原刊《中国文化报》1988 年 3 月 27 日）

琉璃厂

到北京来的读书人，罕有不逛琉璃厂的。读《帝京岁时纪胜》《燕京岁时记》等清人记载北京风物的著作，读《二十年目睹之怪现状》《负曝闲谈》等晚清小说，读周作人、胡适、刘半农等人的散文笔记，你自然会对琉璃厂产生一种特殊的感情。如果有机会读到李文藻、缪荃孙、孙殿起、雷梦水的《琉璃厂书肆》一、二、三、四记，了解这两百年来琉璃厂作为京都文化中心的兴衰起伏，对琉璃厂的兴趣定然倍增。仿佛到这儿来不只是逛书店，还有参观博物馆或者凭吊先贤的味道。在这条小街上走过多少文化名人，我没做过详细统计；不过我知道鲁迅曾经三个月内来了二十六次，这有 1916 年 5 月至 7 月的鲁迅日记为证。

琉璃厂辽时不过是京城东郊一乡村，元时因建琉璃窑而得名。清中叶后渐成闹市，乾隆三十八年（1773）四库开馆，文人学士颇有至此游赏访书的，书市乃大发展。此后二百年，琉璃厂书肆虽有盛衰，可作为京城的文化中心，一直驰名海内外，读书人罕有不闻之心动者。

1958年公私合营后，各私营书店合为中国书店。1980年重修文化街，好多老字号逐渐恢复，如邃雅斋、来薰阁、文奎堂、松筠阁、汲古阁等，还有那以酸梅汤和杏脯蜜枣著称的信远斋。不过企业国营的性质似乎没变，起码那几个书店是如此。

今天的琉璃厂，虽说不能跟全盛时代比，可也大有可游之处。先说西街，路北有萃珍斋、荣宝斋、商务印书馆门市部、中华书局门市部，路南有珍古阁、朝花书画社、来薰阁、庆云堂、观复斋、古籍书店、文奎堂、华彩文化服务公司、文物出版社门市部、清秘阁、通古斋、濯锦斋。而琉璃厂东街则有邃雅斋、北京市中国书店第一、第二门市部和机关服务部、汲古阁、瞻云阁、安徽四宝堂、一得阁、松筠阁、墨缘阁等。大大小小各种斋、阁、堂、店，加起来不下六七十家，也算洋洋大观了。可对我辈读书人有吸引力的，实际上就那么十几家。余者经营珍宝古玩、名人字画，真的买不起，假的又可能看不上，还是眼不见心不烦好。偶尔进去买点笔墨纸砚或者印石、拓片，也还可以，可我没有一逛再逛流连忘返的习惯。不过，初来乍到者，也应该进去走走，开开眼界，也听听清闲的营业员在练英语、日语口语。

“朝花”“华彩”“文物”都专营音乐美术书籍，“商务”“中华”又基本上只卖自家的书。剩下那六七家“兼收并蓄”的书店，都隶属于北京市中国书店。“中国书店”，原来专售旧书，如今基本上都改售新书。

这里曾经是木版线装书的天下。清末民初，开始流行铅印平装书和石印线装书。吴趼人的《二十年目睹之怪现状》第七十二、第七十三回中，就有关于琉璃厂新、旧书店之争的有趣描述。随着价廉物美的平装书的逐步盛行，再加上海内外学术机构和公共图书馆的大力搜求秘籍珍本，琉璃厂所能提供给一般读书人的有价值的线装书必然是越来越少。

其实，琉璃厂书肆的魅力不在于“线装书”，而在于“旧书”。如今谈旧书，当然不只是指明清刻本，还有清末民初乃至五六十年代铅印的各种书刊。买新书挑选的余地不大，想读什么就买什么，只要书店里有就行了，连讨价还价都用不着。买旧书可就不一样了。不只是个价钱高低的问题，还要考眼力、凭机遇、看胆识，这才谈得上其乐无穷。买新书尽可托人去办，买旧书却必须自己去翻检查询，因为这种访书的过程本身就是一种乐趣。郑振铎的小说《书之幸运》中，主人公仲清买到一种好书，自觉“占了敌国大片土地似的喜悦”。我未曾如仲清访到稀世珍本，可很能体会他的心情。几乎所有写买书记的，都不记其买新书的经历。固然因新书印数以千以万计，根本成不了珍本，除非遭查禁销毁；更因买旧书“踏破铁鞋无觅处，得来全不费工夫”的惊喜，绝非买新书可比。前几年我还能在这里买到三四十年代出版的李霖编的《郭沫若评传》、冯至著的《伍子胥》、丁西林著的《妙峰山》，以及“文革”前出版的《判断力批判》《费尔巴哈哲学著作选集》等，如今旧书基本绝迹。

文奎堂和古籍书店二楼有一点线装书和解放前的书刊，可价钱又贵得吓人，大有皇帝女儿不愁嫁的味道。一本1932年上海出版的英文版《中国神话辞典》，六百页，标价四百元；一套20世纪30年代出版的《考古学社社刊》，六册，标价六百元。我想除了外国学者或哪个图书馆愿意收藏，国内读书人大概没有愿出这笔冤枉钱的。

手头保留着一张1976年4月4日琉璃厂古旧书刊门市部的发货票：共购买《昭明太子集》《禅月集》《石柱记笺释》《文山题跋、石门题跋、遗山题跋》《于湖居士文集》五种六册（前两种三册为线装），书款合计二元五角。那时候“文革”还没真正结束，书籍便宜理所当然；如今科学文化受重视，旧书涨价也可以理解。再新办几十所大学，琉璃厂的旧书说不定一扫而空。也许正是为了保留几部像样一点儿的旧书以壮门面，书店才故意漫天要价。跟书店里一位老师傅谈起旧书业的不景气，他却告诉我当年全北京城送到造纸厂的旧书可“海”着呢。当三个月后他们奉命赶去挑选旧书时，已不知有多少秘籍珍本早就成了纸浆。言下之意，经过那场浩劫，旧书的来源近于枯竭，旧书业的不景气是不可避免的。

尽管如此，我还是希望在琉璃厂能有那么一个真正出售旧书的市场。没有解放前的旧书可卖，就卖解放后的，乃至这几年出版的处理书刊。倘若利润太低，有些书不降价乃至稍微提价也可以。有好些书在新华书店里一闪而过，再也找不着。比如前些年出版的《知堂回想录》，我漏过了，此后虽也寻寻觅觅，却再也无缘得见。把售书的重点放在几年前、几十年前乃至几百年前的旧书，而不是当年出版的新书，这才能保持琉璃厂书肆特有的魅力。要不再过几年，琉璃厂中国书店和王府井新华书店没什么区别，我怀疑这里会成为一个纯粹的旅游胜地，而对真正的读书人失去吸引力。

（原刊《中国文化报》1988 年 5 月 1 日）

法源寺

北京还有个买书的好去处，一般人大概不知道。那就是位于宣武区法源寺后街的法源寺。

法源寺建于唐代贞观年间，至今已有一千多年历史，寺中佛教胜迹颇多。清人潘荣陛《帝京岁时纪胜》记四月初八浴佛会，都人多游此寺听讲经；戴璐的《藤阴杂记》则称清时此寺风景幽雅，文人喜往观花吟诗。1912 年农历十月，一代诗僧八指头陀示寂于此寺；1913 年农历四月，此寺举行释迦文佛二九四〇年圣诞纪念会，鲁迅前往观瞻，因见“甚嚣尘上，不可驻足，便出归寓”。我能想起的与此寺有关的文人逸事实在不多，只因我到此主要目的不是吊古，也不是礼佛，而是“请”书。

佛寺售书，古已有之。宋人孟元老《东京梦华录》卷三“相国寺内万姓交易”条云：“殿后资圣门前，皆书籍玩好图画及诸路罢任官员土物香药之类。”此后历代诗文中不乏访书佛寺的描述，如王士祯《居易录》就多次提到他如何在慈仁寺书肆获得秘籍珍本。

甚至士人欲一瞻渔洋颜色者，都到慈仁寿恭候，而不是上门谒见。记得孔尚任有两句诗“御车扫径皆多事，只向慈仁寺里寻”，咏的就是这么一件雅事。

只是古来佛寺售书限于庙会之日，如北宋汴京相国寺每月五次开放，清初北京慈仁寺则“每月朔望及下浣五日”才有书摊云集。再说古来佛寺书摊所售之书不必跟佛教相关，三教九流五花八门应有尽有。如今法源寺的“法物流通处”则是常年开放，而且专售佛教有关书籍。

我发现佛寺售书这一“秘密”，是大前年春节游潮州开元寺时。到过藏传佛教的几个大寺院，如西宁的塔尔寺、呼和浩特的席力图召、北京的雍和宫，都不曾发现出售佛书的。而潮州开元寺的“法物流通处”，居然在一大堆念珠、佛像、炉香旁边，赫然摆着《大乘起信论》《妙法莲华经》《金刚般若波罗蜜经》等经文和一批佛教宣传品。这些“佛书”大都是影印解放前的本子，由庐山东林寺、天台山国清寺、苏州灵岩山寺、九华山佛协、泉州佛协等寺院发行的，在各大寺院的“法物流通处”流通。质量当然不能跟中华书局出版的经过专家整理校订的“中国佛教典籍选刊”相比，可“选刊”至今只出三四种，而《中华大藏经》又非常人所能购置，于是乎这些刊刻不无错漏的佛经对我也颇有吸引力。更难得的是那些佛教宣传品，如陈无量著的《建设佛化家庭》、施剑翘女士等著的《自我介绍》。前者大谈“拿出世的精神干入世的事业”，实

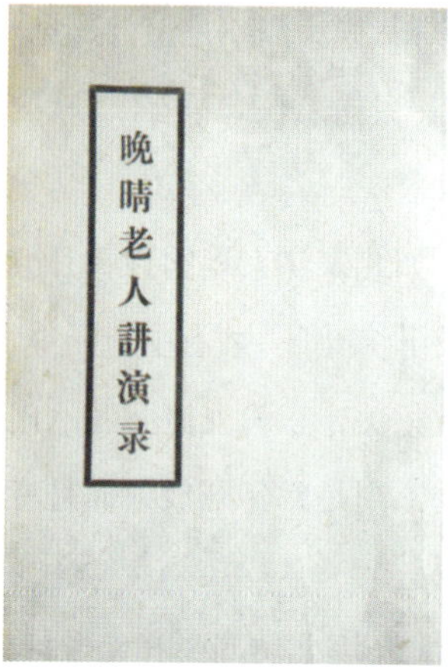

《晚晴老人讲演录》，影印本

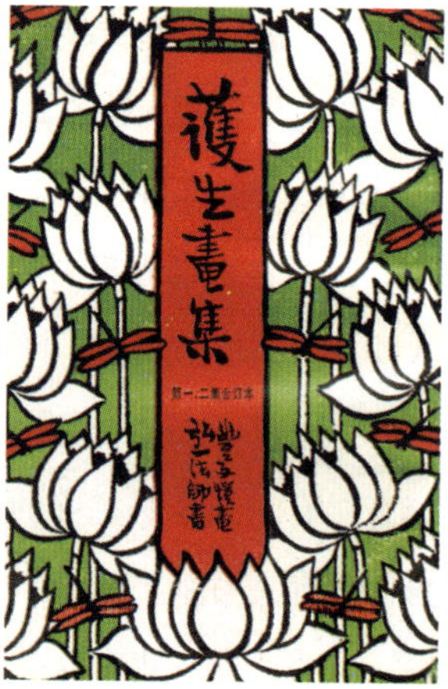

《护生画集》，香港波文书局 1965 年

则教诲在家人如何礼佛；后者是二十位佛教徒以切身体验，谈论如何获得佛的信仰。没什么理论水平，但从中可以见出佛教对普通人（而不是高僧大德、佛学专家或无神论斗士）的影响，以及普通人走向佛教的“天路历程”。这些在佛教典籍乃至一般的佛教史料中是找不到的。

此后，每游佛寺，必寻“法物流通处”。几年下来，居然大有收获，得到不少在一般书店里买不到的好书。单是关于弘一法师的，我就买到了如下四种：《晚晴老人讲演录》《弘一大师格言别集》《护生画集》《弘一大师传》。文物出版社 1984 年版的《弘一法师》

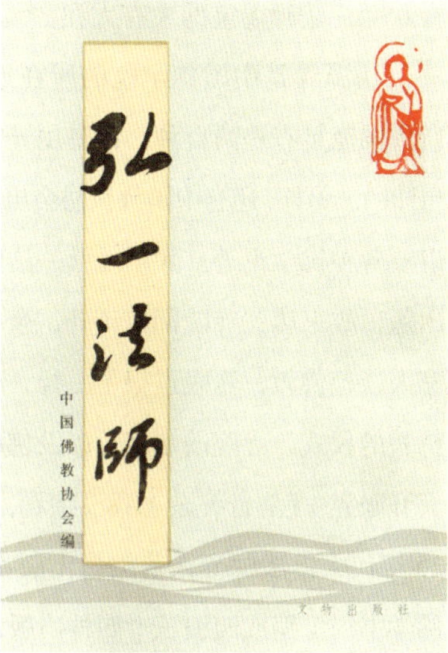

《弘一法师》，中国佛教协会编，
文物出版社 1984 年

收录资料甚多，可上述四种极少选录；友人告知某出版社准备出版弘一法师著作，可限于披剃入山以前。依我浅见，研究作为近代知识分子某一侧面的代表的弘一法师，特别是研究他心灵的发展，披剃后的演讲、序跋、书信、墨宝等，可能比他正经的佛学论著更有用处。弘一法师遗墨传世的颇多，1962 年丰子恺等人集资印刷过，钱君匋装帧，甚精美，可惜是非卖品，一般图书馆不藏，我是在杭州虎跑寺李叔同纪念馆见到的。至于弘一法师书写的格言，我在五台山显通寺的禅房里见过不少，是影印的。问过法源寺“法物流通处”的师傅，说是大字小字概无存货，可见如我辈喜欢弘一法师墨宝的大有人在。

法源寺是中国佛学院的所在地，“法物流通处”自然更可观。所售佛经足有一两百种，都是用光绪或民国年间金陵刻经处的雕版重印的。另外，还有中国佛教协会出版的“法音”文库、《法音》杂志，以及各种佛学论著。除了《弘一法师》是中国佛协编、文物出版社出版，故书店、寺院都出售外，余者都没在外界流通。出家人与在家人谈论佛教，着眼点很不一样，对照着读很有趣。至于有些谈论佛教的仪式、寺院的制度，以及佛教徒的日常功课的，俗人读来也大开眼界。《法音》杂志我没细看，只知道是中国佛协的理论刊物。20年代太虚法师等人曾编辑出版《海潮音》杂志，1931年由上海佛学书局汇编成四编三十四种出版，其中除诸位高僧的佛学论著外，还有梁启超、章太炎、苏曼殊、蔡元培、陈独秀等人的诗文书信，大有可观之作。但愿来年《法音》杂志也能分类汇编，便于购买阅读。

也许正因为是佛学院所在地，法源寺的“法物流通处”显得比别处正经多了。注重学术性强的佛经，而不屑于流通各种通俗读物，甚至连印光、圆瑛、太虚等近代高僧的集子也不见，这未免有点儿可惜，而这些在外地寺院是不难买到的。对于从事宗教研究的僧人来说，第一位的自然应该是“经”；而对于我这试图了解佛教对近代中国知识分子影响的俗人来说，恰好是那些或高或低或雅或俗的“论”更有趣。

（原刊《中国文化报》1988年8月21日）

书市

按理说，先有行商，后才有坐贾，书市之设远在书店之前。可我却放在最后提及，只因文物出土、旧戏新演，书市之复兴，也是这几年的事。

北京书市源流，最早的记载见于明人胡应麟《少室山房笔丛》:

> 凡燕中书肆，多在大明门之右，及礼部门之外，及拱宸门之西。每会试举子，则书肆列于场前；每花朝后三日，则移于灯市；每朔望并下浣五日，则徙于城隍庙中。灯市极东，城隍庙极西，皆日中贸易所也。灯市岁三日，城隍庙月三日，至期百货萃焉，书其一也。

庙会之日，百货杂陈，书摊其一也。清代之慈仁寺、护国寺、隆福寺、火神庙，先后都有盛极一时的书市。此种书市，更近于这两年春节期间地坛公园庙会里的书摊。可惜这两年地坛公园的庙会小吃多、杂耍多，书摊则少得可怜，而且所售多连环画、通俗小说、教科书之类，不待庙会也随处可得。

真正对北京读书人有吸引力的，是那些专售书籍的新书市。未考这种新书市起于何时，名于何人，但知这几年北京每年都有规模颇大的春季、秋季书市，以及各种专业书市，如外语书市、古籍书市等。

春、秋两季书市多在劳动人民文化宫举行，一般连续十天半月。参展者往往有百数十家出版社和书店，通过抽签分设摊位，在公园里搭起各种临时售书台。读者买五分钱门票就可进去随意翻阅，每天游客如云，笑语喧哗。入门处有一大广告牌，注明各出版社、书店摊位地点，尽可各奔所好。倘若怕有遗珠，一摊过一摊，全部逛完大概得花上一整天。好在公园里有各种小吃，也不乏石凳，尽可歇一会儿再接着逛。以我之经验，逛此类书市，最好是头一天和末一天。头一天各摊位都会使出浑身解数以吸引顾客，自然颇有精彩之作；末一天各摊位准备打道回营，懒得把卖剩下的书运回去，多作价处理，也可买到些便宜的好货。

如今北京人逛书市可真逛出瘾来了。不管东城西城、城里城外，一听有书市，男女老幼，颇有结伴同行者。在中国历史博物馆举行的全国书展万头攒动，这不奇怪；连远在学院路的高教书店举行书展，居然也能吸引四方来客，可就有点儿出人意外。

而在这么多书市中，给我印象最佳的是今年秋季在琉璃厂举行的古籍书市。如今译作吃香，古籍问津者少，故不显过分拥挤。且买书的多专门学者，卖书的也不乏里手行家，相互攀谈几句，颇有趣。还有一点，这里出售的大都为降价书籍，而何书降价、何书不降价、何书降价多少，各摊位并没统一规划。这就有个比较、选择的余地，不至于逛一家等于逛百家。虽说没找到什么特别的本子，合用的书还是买了不少。

据史载，清代火神庙书市以正月初六至十五为最盛；入民国后，自旧历正月初一起有半个月集市，颇为热闹；1928 年后厂甸集市阳历新年和阴历新年各开放一次，不过前一次大都只是虚应文章，后一次才真的书摊云集；“文革”前这里春节期间仍有集会，集会期间仍有各种书摊。倘若以后琉璃厂每年能举办一次像样的书市，也算北京读书人有福。至于是否定在春节，是否专售古籍，那倒无所谓。

1987 年 12 月 6 日于北京大学

〈 江南读书记 〉

小引

古人云：行万里路，读万卷书。把“行路”和“读书”放在一起，大概是指两者都令人大长见识。可在我还有另一层意思，即两者都令人心悦神怡。也许是天性好动的缘故，我喜欢读书，更喜欢旅游，因此对古人这一说法格外欣赏。

平日难得出门，趁学校放暑假之机，到江南查访一些在北京找不到的清末民初的“新小说”。虽说花的是公家的钱，每天还有伙食补贴，再加上沿途都有师友照应，不时可以打打牙祭，可还是颇觉辛苦。并非抱怨旅途劳累，而是慨叹读书之难。

小说旧称“闲书”，应该如宋人钱惟演“卧读”才是。而我却风尘仆仆四出访书，一点儿洒脱劲儿也没有。大概读书职业化的好处是，迫得你很快成“痴”成“癖”，在别人认为毫无价值之处下死功夫。好在访书之说古已有之，且是读书人的“雅事”。只是我访的不是宋刊元版的经史古籍，而是仅仅几十年前的“新小说”。此种书籍，一般藏书家不会见爱；即使人有孤本，我也不敢贸然前往查访，因互通有无是藏书家之间的雅事，记得传为千古佳话的“古欢社约”也是禁止第三者涉足的。这样，我的“访书”，实际上只是到各个公共图书馆或大学图书馆读书。

守着北京图书馆、首都图书馆和北京大学图书馆，而热衷于出外读书，说来有点儿令人难以置信。其实一点儿也不奇怪。清末民初闹“小说界革命”的，主要集中在日本和上海、广州等沿海城市，北京那时还是诗文家的天下。一个简单的事实是，从1902年到1917年，全国共发行过二十七种小说杂志，其中上海占了二十二种，而北京却一种也没有。当年的北京大学、燕京大学图书馆，显然都嫌这些“新小说”鄙俗而不屑于收藏。可以收藏“新小说”家彭俞的《周易明义》和《易外传》，可就是不想收藏他的十几种“新小说”。如今谈经学的很可能忘了有过彭俞这么一个人，可谈小说的则还得提起他。“雅”和“俗”有时候很难说。就像今天如有“俗人”专门收集俗不可耐的街头小报、三流杂志和通俗小说，日后肯定对“雅人”的研究大有帮助。北京图书馆、首都图书馆这方面的藏书多点，可也远不够研究需要。

于是，只好大热天负笈南下读书。

芜湖

我把读书的第一站定在安徽的芜湖，纯粹由于1987年6月27日《文艺报》第一版上一篇题为《阿英藏书陈列室及纪念基石在芜湖揭幕》的报道。报道称“阿英子女四人将阿英劫后遗书及珍贵字画捐赠给故乡图书馆。为此，芜湖市在风景幽美的镜湖烟雨墩上专设了阿英藏书陈列室，以供各界人士阅览钻研”。到了芜湖我才知道，这段报道除了芜湖市图书馆确实地处“镜湖烟雨墩”和烟雨墩确实“风景幽美”外，余者都必须打折扣。首先，家属捐赠的并非阿英劫后留下的全部藏书，而是部分藏书；其次，所谓“供各界人士阅览钻研”云云，那是将来的事。国内外学术界都知道阿英藏书的丰富（特别在晚清报刊、小说的收藏方面，堪称海内第一家），倘若都像我那样闻风而动，千里迢迢赶来，不知这则报道的作者作何感想。实际上芜湖归来后，我已经劝阻了好几位也想到那里“淘金”的师友。

从北京转南京到芜湖，已经是第二天的傍晚。夜来无事，重新翻阅阿英的《晚清小说史》。此书初版至今已半个世纪，可学术界还没拿出更像样的描述这段小说历史的著作。其中原因很多，而资料难寻无疑是一个重要因素。如今阿英藏书室开放，对全国同行来说都是一个福音。尽早结束“资料战”，是学术研究深入开展的关键。

大清早兴冲冲赶到烟雨墩，可惜被把门的老头一把揪住。说是按规定每周二、四、五、六下午3时才让参观，其他时间“闲人免进”。跟他解释了大半天，说是从北京专程赶来读书的，请他通融通融，让我进去翻翻卡片也行。实在不行，让我跟馆长直接交涉，不相信他不高抬贵手。可老头更有理，说北京来的更得做“遵纪守法”的模范。我只好退出，直后悔不该说从北京来，跟他讲几句带港味的普通话（那我行），说不定就可以不怎么遵守规则了。

真不知道如何打发这五六个钟头，只好到赭山西南麓的广济寺走走。此寺建于唐代，后毁于兵火，现在看到的殿宇是光绪年间重建的，不过也已颇为破败。大雄宝殿“众生度尽方证菩提，地狱未空誓不成佛”的楹联旁边，贴着一张大红纸，上写“佛像装金随缘乐助功德无量”。善男信女颇不少，过几年再来广济寺，佛像定然大放光明。只是近几年看多了翻修一新成为旅游胜地的佛寺，心里总觉得不是滋味。

下午上烟雨墩看书，请在安徽师大工作的孙君带路。孙君跟芜湖市图书馆工作人员挺熟，我也就作为“专家”受到了热情的

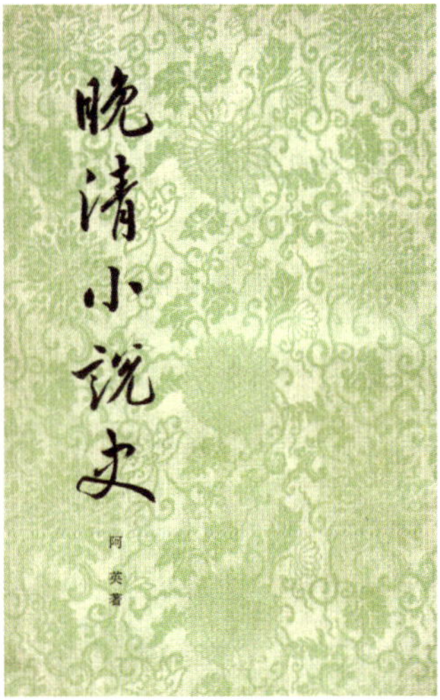

《晚清小说史》，阿英著，人民文学出版社 1980 年

接待。陈列室里放着签名本，来者多是船厂工人、文化局干部以及安徽师大的学生，都是来参观阿英生平事迹和使用过的文物的。我算是第一个赶来“阅览钻研”的“专家”，工作人员颇有点措手不及。阿英家属捐赠的图书因场地关系，还没分类上架，全堆在一起，根本无法“阅览钻研”。好在有书籍的清单，粗粗翻了一下，还真有不少难得的书刊。承他们雅意，答应破例给找一两种书看看，免得空手而归。我挑了《中外小说林》和《扬子江小说报》两种杂志。等《中外小说林》花了半个多小时，《扬子江小说报》则始终没等到。即使如此，我也心满意足。

《中外小说林》封面

《中外小说林》为旬刊，创刊于1907年，由中外小说林社在广州编辑发行，编务主要由黄伯耀、黄世仲兄弟主持。这份小说杂志很有南粤风味，经常刊载木鱼、南音、粤讴、龙舟歌等广东说唱文学，且有些小说是用粤语方言写作的。更重要的是，从第六期起，每期以小说论文一篇打头，这在晚清小说杂志中是独一无二的。这些主要由伯耀、世仲兄弟撰写的论文，涉及小说的社会功能、美感作用、小说与戏剧异同、翻译小说与创作小说的关系等一系列问题，说不上深刻，但基本涵盖了那个时代小说理论探讨的各个侧面。就我所知，这种小说杂志全国只有中山大学中文系现代文学研究室藏有其中的十六册。没想到阿英居然藏有十一册《中外小说林》。两相比勘，除去重复的，还有六册为我所未见。而第一期的发现，更证实了《中外小说林》确实创刊于丁未年（1907）农历五月十一日（以前只是推测）。

细看是不可能的，我又实在不希望等到第三天下午3点再来“阅览钻研”，只好请他们代复印或誊抄其中部分文章。大概见我喜形于色，刚刚赶来的馆长同志希望我帮他们指认哪些是“海内孤本”，以便作些宣传。因为据他介绍，有人认为，这批书从版本学角度看，价值不大。当然，在旧版本学家眼中，宋版元钞价值连城，清代刻本再好也值不了几个钱，更何况民初的铅印本？而从研究者角度看，后者未必不如前者。唐弢先生开创“五四”新文学的“版本学”，后继者甚多，东京版的《域外小说集》或者初版的《呐喊》《沉沦》，颇为藏书家所珍重。阿英先生开创的晚清文学的“版本学”，则因后继乏人，遂不大为社会所了解。为了使他们充分重视这批藏书的价值，我吹了一通阿英研究的特点以及目前学术界的动向，建议他们注意藏书中的清末民初小说和弹词部分。如能再辅以当地所藏此类书籍，弄成一个专业藏书室，对国内外学者都会有吸引力。至于“海内孤本”，则不敢妄指，才过去百十年的事情，冷不丁就会冒出几本使“孤本”不孤的书刊来，只能告诉他们哪些书刊是比较难找的。

离开烟雨墩，颇有点儿怅然若失。散书容易藏书难，陈登原

《古今典籍聚散考》引录前人论书厄之言，归为“独夫之专断”、“人事之不臧”、“兵匪之扰乱”和“藏弆者之鲜克有终”四类。古来多少藏书名家，生前聚书呕心沥血，身后散书惨不忍睹，能传二三代的颇为罕见。梁启超开创遗书寄藏北京图书馆的先例，此后藏书家多有把藏书捐赠或作价出售给公共图书馆的，这对保存藏书起了很好的作用。至于捐赠的藏书，到底真的造福学术界，抑或“一入侯门深似海”，徒然成了图书馆的装饰品，在藏书家自然是九泉之下无法得知了，可家属却不妨关心关心。阿英家属捐赠图书，自是一大义举。只是把一万多册专业性很强的图书捐赠给家乡小小的图书馆，实在有点可惜。说实话，芜湖市没几个读者需要翻阅这批图书；而芜湖市图书馆可能也缺乏妥善处理这批图书的专业人才。倘若这批藏书捐赠给一个大图书馆或大学、研究机关，在此基础上建成一个“阿英文库”，那足可跟日本的“实藤文库”媲美。话说回来，图书是人家的，人家愿意捐赠给谁就捐赠给谁，旁人实在毋庸置喙。现在只希望芜湖市图书馆能尽快把阿英藏书整理好，“以供各界人士阅览钻研”。

南京

南京我来过，主要名胜也都匆匆看了。此次路过，只想逛逛夫子庙。其实，逛夫子庙是假，看秦淮河才是真。自六朝以迄民国，多少骚人墨客流连于此，既留下诸多或不朽或速朽的诗词歌赋，也留下不少或感人或烦人的风流韵事。

人说“百闻不如一见”，我则“百见不如一闻”。常常是眼前的景象粉碎了多少年凭历代诗文所获得的美好印象，陡然产生一种“物换星移好景不长”的失落感，以及怀古的淡淡的忧伤。游夫子庙前的秦淮河也不例外。

暴雨过后，携同友人朱君等寻访秦淮河。夫子庙前不见车马喧哗，也不见人声鼎沸，夕阳下，各种仿古新建筑显得分外雕琢、小气，唯有秦淮河南岸绛红色的照壁略显斑驳苍老，足慰我心。友人告我以何处为乌衣巷，何处曾有画船灯火，如今市政当局正在浚通臭水沟般的秦淮河，并沿河建筑各种文化娱乐设施和亭台楼阁。我庆幸我见到了历尽沧桑的绛红色照壁，在它被各种仿古新建筑湮没以前。据说平时晚上这里非常热闹，可惜今日老天爷不赏脸，把各种小吃摊给冲跑了。在秦淮河边的奇芳阁吃干丝和牛肉锅贴，味道真不错。可还没吃完，服务员就让我们跷脚，以便她们冲洗地板，这实在大煞风景。

在南京图书馆没找到多少我所需要的“新小说”。抗战中原中央图书馆西迁，复员回来时损失了一些书籍，临解放时又有些藏书被运到台湾去，不过运去的应是宋元以来善本，平装书当不在此列。据说是好些通俗小说还没整理上架，故无法出借。

转到龙蟠里南京图书馆的阅览部，翻阅清末民初杂志。其实并非“海内孤本”，非在此看不可，只不过既然到了南京，不看点什么似乎说不过去。翻了五种杂志，着重搜寻时人对“新小说”的议论，可记者有如下三篇。

一为《东方杂志》二卷八号（1905）转载《时报》的文章《论小说与社会之关系》。“有味而无益，则小说自小说耳，于开通风气之说无与也；有益而无味，开通风气之心固可敬矣，而与小说本义未全也。”立论不错，可如何使小说“有味”，作者一笔带过，集中论述的是如何使小说“有益”。这是“新小说”理论家的通病，似乎“小说界革命”只是小说所包含的思想意识的革新，而与形式技巧了无关系。

一是刊于《学生杂志》一卷六号（1914）上的《论艳情小说》。辛亥革命后言情小说盛行，评判言情小说自然也就成了理论界争论的热点。出于对鸳鸯蝴蝶派作家的反感，研究者常不加分析地赞赏那些批评艳情小说的文章。其实，此类文章不少是从维护封建礼教立场出发，一副卫道士嘴脸，并不比改良的“风流才子”可爱。《论艳情小说》一文虽出自青年学生之手，可实无“青年”气息。

一是《雅言》第七期（1913）刊载的梦生的《小说丛话》。此文对《金瓶梅》有详细的评述，而最难得的是再三论证：“小说最好用白话，以用白话方能描写得尽情尽致，‘之乎也哉’一些也用不着。”中国古代小说分章回小说、文言小说，两者并行不悖；可到了清末，随着西洋文学观念传入，两者显然同属“小说”，于是就有个争“正统”的问题。跟这文言、白话之争并存的，还有个方言土语入小说与新名词（包括西洋句法）入小说的问题。争论的结果并非简单地是白话派的胜利，而是融进了方言、口语、文言、新名词的“白话”，成了20世纪中国小说的主要文体。

苏州

苏州园林名满天下，苏州藏书家也有名满天下的，那就是生于 1849 年卒于 1917 年的叶昌炽。叶氏的“五百经幢馆”当然无法跟杨氏海源阁、瞿氏铁琴铜剑楼、陆氏皕宋楼和丁氏八千卷楼这近代四大藏书楼比肩；可叶氏记载、咏叹宋元明清数百藏书家的《藏书纪事诗》却是独步一时。叶氏藏书在其生前就开始散佚，我也没有寻访藏书处旧址的雅趣，只是随便问问，居然好多学人也都不识此君。叶氏是有感于历代藏书名家“皆名不挂于通人之口，缥缃既散，蒿莱寂然，可为陨涕”，因而立志写作《藏书纪事诗》的。看来，此类“纪事诗”还得写下去，不单表彰那些精于校雠，长于版本、目录之学，为搜集传播古代文献做出贡献的专业藏书家；也表彰那些大量收藏某一方面专业文献，身后仍能造福学术界的专门研究家，如郑振铎、阿英、谢国桢等。

清末民初，江浙一带得风气之先，出现一大批“新小说”家，而常熟的曾朴、黄人，苏州的包天笑、周瘦鹃，都算其中的佼佼者。

苏州是南社第一次雅集的地点，也是鸳鸯蝴蝶派的重镇，当然藏有很多清末民初文学的史料。不过“新小说”历来处于“有版本价值”的古典小说和“有研究价值”的现代小说之间，被好多图书馆视为没有收藏价值的“通俗读物”，不曾送进废品收购站已属万幸，根本谈不上好好搜集整理。苏州大学中文系的通俗文学研究开展得比较早，图书馆藏有不少清末民初小说，可惜暑假期间不开放。

好在苏州市图书馆这方面藏书也颇为丰富，由友人徐君带路，很顺利地找到我想看的书。当我提出想复印其中的部分章节时，图书馆馆员说只能由他代我把书拿去复印室。原来复印室里明文规定，凡三十年前出版的书刊，都在保护“版权”之列，故小张每张六角，大张每张八角（近年书刊则小张一角伍分，大张二角）。“新小说”本不值钱，如今既然有人研究，徐枕亚辈行情看涨，图书馆乘机“创收”，实也情有可原。

在苏州市图书馆蹲了两天，看了将近二十种书，其中有值得一提者。一是署名我佛山人著的笔记小说《李雪芳》。此书六十二页，东亚书局共和九岁重九第一版，列“李雪芳小传”“李雪芳之逸事”“李雪芳之艳史”“李雪芳之趣话”“李雪芳之善谈”“李雪芳之声名”“李雪芳之曲本”共七章。此书虽有模仿《胡宝玉》痕迹，但文笔拙劣，趣味低下，当是书贾假吴趼人之名以牟利。吴趼人生前不曾发表、也不曾提及此书，书贾甚至懒得编造如何发现遗稿的鬼话，就这样堂而皇之印行了。清末民初小说，抄袭者、伪造者、以译作充创作或以创作充译作者，屡见不鲜，治学不可不慎。

吴双热的成名作《兰娘哀史》是用文言写的，1913 年由民权出版部出版，发行后风行一时。此书歌颂兰娘“既是烈妇，又是孝女”，是典型的鸳蝴腔调，无甚可说。好玩的是，全书正文七十二页，可有“序言”七篇二十八页，再加各家“题词”十页、“题诗”三十二页，作者“书后”十页，真的是“喧宾夺主”。而且这些“序言”“题词”，绝大部分言不及义，只求诗文自身“漂亮”，完全可以挪用到别的小说。鸳蝴作家喜欢公开征求序言和题词，甚至声明如第一版来不及排印的，第二版补入，似乎题词的多寡跟小说价值的大小成正比。一时颇多不读作品而代人作序题词的“诗文名家”。

鸳蝴作家半新不旧的伦理道德观念，常被研究者所指责。但有一点人们不大提及，这批作家起码是不赞成封建专制统治的。1914 年、1915 年由上海国华书局刊行的《定夷丛刊》上、下集可做明证。此书与《枕亚浪墨》《双热嚼墨》《铁冷碎墨》一样，都是作家诗文小说的结集。其中卷五“趣海”有两篇文章，明确表示其政治倾向。《复旧日报宣言书》纯用反语，颇有讽刺意味：“（吾报）意在使吾民脑筋中不复有新字痕迹，庶几专制之焰可张，承平之世可睹也。”《复友人劝入筹安会书》则明白宣称：“由君主而共和，中外历史所见，已历历可数；由共和而君主，鄙人不敏，从未之闻。……鄙人则愿守苟全性命不求闻达之语，冷眼观治世之盛规也。”

夜来与师友交谈，益发坚信“俗文学”可以作出“雅文章”。不过我对纯粹的通俗小说研究兴趣不大，而只关心“俗小说”与“雅小说”如何互相依存、互相补充、互相转化，并因此构成小说发展的一种动力。捷克学者普实克用“文人小说”和“民间小说”的冲突与调和来描画中国古代小说的发展脉络，可我觉得在中国古代，“文人小说”与“民间小说”的界限十分模糊，不如从“文言小说”和“白话小说”的互相影响以及消长起伏的趋势来考虑更合适。只有进入20世纪，这种“俗小说”与“雅小说”的对应关系才真正确立并发挥作用。我们曾经有过“雅小说”一统天下的宏愿，可武侠小说“反攻大陆”的事实，证明这种想法过于天真。在很多批评家调整鉴赏眼光的同时，学者们也有必要调整一下研究角度。如果说“五四”一代学者确立了“俗文学”的价值，我们的任务则是确立“俗文学”在整个文学系统中的地位和作用。

上海

就我的研究课题而言，上海图书馆无疑是藏书最丰富的，因当年的“新小说”绝大部分出版于上海。可我对上海图书馆实在不抱多大希望，学术界同人对其资料封锁之严密早有议论，鄙人也于四年前就领教其滋味了。

果不其然，解放前出版的中文书籍的卡片，上图仍然藏之密室，不让读者翻阅。你可以递条子，至于给不给你书，那得随图书馆的意愿了，反正你也不知道它到底藏不藏这种书。别的图书馆想封锁某种书刊，总还得编个什么理由；而上图则任何理由也不用，就可以封锁任何他们想封锁的资料。这是绝招。还没听说过世界上有哪个公共图书馆不让读者翻查卡片（恕我孤陋寡闻）。似乎图书馆的职能不是尽量提高所藏资料的利用率，而是尽量防止资料外传，以保持其“珍本”的价值。或许上图不让读者翻查藏书卡片另有高尚意图，只是一般读者借不到书而又无从查问，只能听凭管理员说有道无，怎能不“以小人之心度君子之腹”？

这次我是学乖了，不再递没有书号的“白条”，根据阅览室里放着的上图馆藏丛书目录，挑了五本书。可条子递上去四十分钟，才出来一本李涵秋的《双花记》。问管理员其余四种今天是否有人借阅？答曰没有。问此书库书籍外借否？答曰不外借。问为何找不到？答曰过几天再来看看。

我没有过几天再去看看，而是第二天就离开了上海。倒不是有什么急事，而是觉得有点憋气。当然，天气也热了点。就因为这，还被友人讥笑修炼不到家。老残借不到书，骂人家“深锁嫏嬛饱蠹鱼”；我没那么刻毒，深信倘若迂回迂回也能打开上图的大门。为了一时意气，失却了读好多书的机会，可见读书的心还是不诚。焉知人家不是在考验考验你的意志和热情？

在上海，没读成什么书，倒买到了好些在北京买不到的书。除《十钟山房印举选》之类闲书外，更在上海书店找到了《周作人论》《流言》等影印的“中国现代文学史参考资料”。只可惜林语堂的《大荒集》没买到。此书1934年由生活书店出版时宣纸铅字排印，线装二册，被不少左翼人士讥为“假古董”。不过除去其蕴含的复古意识外，单从书籍装帧看，此书还是颇为雅致的。黄裳曾为自己的《锦帆集外》《旧戏新谈》印宣纸本自藏；北大教师争相购买降价的宣纸铅影刻《冬心先生集》，可能都出于同一心理：宣纸本确实纸洁墨香，赏心悦目，可做工艺品鉴赏。还有一点，我们这代人，无论如何是玩不起版本的，只不过买几本便宜点的新版线装书，聊以过瘾罢了。

上海书店影印出版了不少现代文学史上重要的书籍、杂志，颇受学术界赞赏。如今晚清四大小说杂志也已由上海书店影印出版。不过，总的来说，近代文学的资料工作进度比现代文学落后一大截。如今通俗小说行时，各出版社突又争相刊印清末民初的“新小说”，可惜好多没做认真的整理校订，甚至删去原作的序、跋，另外安上几句莫名其妙的“编辑前言”。一般阅读也还勉强可以，做研究资料则很难胜任；而好多小说恰恰是作为“小说史料”推荐给读者的。就我所看到的近年出版的三种《洪秀全演义》，数人民文学出版社的本子最可靠；出版吴趼人著作的更多，其中当推花城出版社的工作最扎实。而苏州大学中文系正在编选的“民国通俗小说丛书”、复旦大学中文系正在编选的“晚清小说丛书”，都出自专门家之手，质量当有保证，学术界翘首以待。台湾地区出版过“晚清小说大系”“武侠小说大观”，可惜搜罗未备，且说明部分颇多错漏，大陆应有更完善的丛书出版。

附记：此文完稿后，读1987年11月7日《文艺报》，得悉“中国近代文学资料丛书”近日起将陆续出书，大为欣慰。若干年后，这套丛书的近百个项目全部竣工，研究者不用再到处奔波查找资料，整个学科有可能迅猛发展。那时，如我辈访书的酸甜苦辣，也将大体过去。若如是，幸甚。

杭州

浙江省图书馆古籍部设在西湖孤山南麓，周围风景幽美，名胜古迹荟集，读者到此，既可观书，也可观景，若有兴致还可观游人。可惜馆内设备欠佳，虽装有风扇，还是闷热得很。好在随时可到湖边透透风。每天早出晚归，过断桥，走白堤，不用惦念白娘子和许仙的相会，也不用吟诵“最爱湖东行不足，绿杨荫里白沙堤”的诗句，单是观赏西湖的晨雾暮霭也就够了。如此读书，也算享福。

也许正是仗着西湖风景好，图书馆上午 11 点 40 分闭馆，下午 2 点半才重新开馆。这中间两个多小时逼着读者游西湖。一天跑了灵隐寺，买点佛经；一天跑了虎跑寺，会会“弘一法师”；第三天起就只想坐在湖边看游人了。

浙图古籍部最令人羡慕的，还不是其地理环境，而是其丰富的藏书，单是接收藏在文澜阁的《四库全书》一项，就是任何一个省级图书馆所无法比拟的。宋恕《六斋卑议·图书章》谓江浙因有“文汇”“文宗”“文澜”三阁而鸿儒辈出；陈登原《古今典籍聚散考·四库全书之今昔》则谓“四库”开馆之前，江浙本为文人渊薮，清廷才会于内廷四阁外，另建江浙三阁。我不想参加这种鸡蛋与鸡谁为先的争论，不过对书籍公开是文化进步学术发展的关键这一点却是确信无疑。江浙三阁皆遭兵火之劫，唯有文澜阁因有八千卷楼主丁丙、丁申兄弟于战火中抢救部分失散典籍，后又四出补书抄书，才得以遗留至今。虽则此次访书，不敢惊动“四库”宝藏；但一见文澜阁，仍然肃然起敬。不单崇敬那凝聚着中华文化精华的八万卷图书，而且崇敬世世代代为保存、流传中华文化典籍而呕尽心血的先哲贤人。

每个图书馆都有轻易不肯借出的“海内孤本”，浙图也不例外。据《1833—1949 全国中文期刊联合目录》，知道他们藏有 1906 年上海出版的《新世界小说社报》第一至第九期（这杂志公共图书馆中另外只有上海图书馆藏有第七期），恳求了大半天，还是没能“挖”出来。除此之外，其他我所需要的“新小说”，管理员倒是都同意出借，且取书速度甚快，每次都不超过五分钟。第一天刚读了几种书，就有个干部模样的人把我叫到外边，单独“审查”了我的研究课题，然后旁敲侧击询问在我的研究成果上，是否注明是在哪里看的书。我装聋作哑，“王顾左右而言他”。如果注明每本书的阅读地点，只怕出版社和读者都会嫌我的“小说史”过分冗长。不过话说回来，我对浙图还是相当感激的，此次江南读书，在杭州收获最大，看到了《自由结婚》《女娲石》《天足引》等一批在北京找不到的书。

阿英的《晚清小说史》对《自由结婚》评价颇高，且做了大量引录。可所述限于“上编”十回，作者误认为“二编”未出。前些年有人撰文介绍《自由结婚》，订正这一错误。此书自由社 1903 年初版，1905 年三版，署犹太遗民万古恨著，震旦女士自由花译，实为张肇桐的创作。“上编”后有《自由社附志》：“乃知女士磨厉以须，跃跃欲试，一俟机会成熟，便当单刀直入，今日之避世隐逸，岂无故哉！……（此书）为吾国民下一针砭，普天下须眉巾帼，倘亦有闻风兴起者耶？”可见说“结婚”是幌子，论“自由”才是本意。也就是第一回里说的，“起初得了结婚自由，后来把一切自由都得到手”。“二编”述黄祸、关关投河自尽，可均被救，先是离别，后又重逢。因参加光复大业而双双被捕，狱中吟诗、演讲、感化狱卒和县太太。结尾处县太爷准备将黄祸、关关押赴京师，县太太则决心爱国一番。中述一革命妓女，深夜床上痛说亡国恨，感化嫖客，说是为维新党人运动，托迹勾栏救护无知少年，以一身救同胞。于此可见当年文人心目中“浪漫的革命”。

此类“浪漫的革命”，“新小说”中屡见不鲜。《女娲石》中主人公金瑶瑟留学归来，自愿进妓院，以便进宫谋刺太后；而革命的春融党则设百大妓院三千勾栏，勾引得腐败官场销魂摄魄，无心理政。《女娲石》甲、乙二卷，1904 年、1905 年由东亚编辑局出

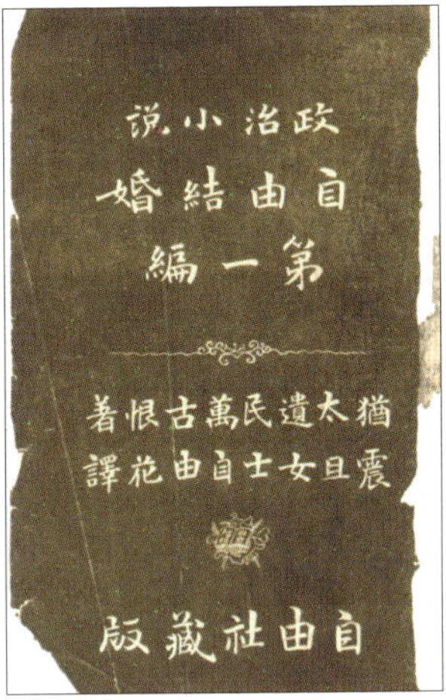

《自由结婚》封面

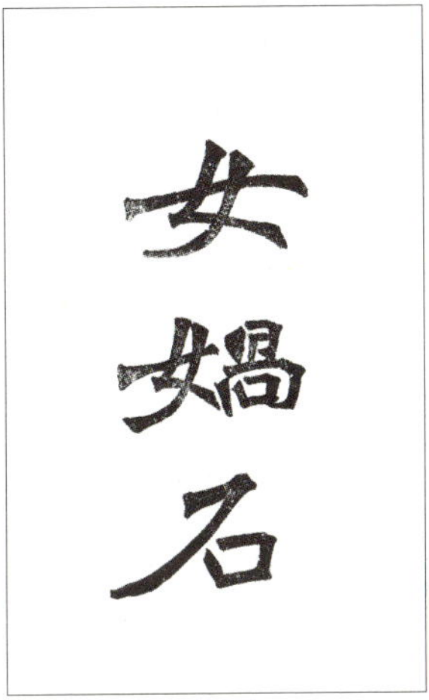

《女娲石》扉页

版，海天独啸子著，前有作者所作《凡例》和卧虎浪士《序》。《序》中引录作者语：“予将欲遍搜妇女之人材，如英俊者，武俊者，伶俐者，诙谐者，文学者，教育者，摄而成之为意泡中之一女子国。”小说明显借鉴政治小说之说理、科学小说之声光电化、虚无党小说之刺客谋杀，以及《三国演义》《水浒传》《镜花缘》的布局、想象和笔法。不过最有趣的是对妇女革命团体“花血党”的描写。据说进“花血党”须灭“四贼”：“灭内贼”即抛弃夫妇儿女情谊；“灭外贼”即断奴根；“灭上贼”即不做死奴忠鬼；“灭下贼”即绝情遏欲不近秽雄，如果需要繁衍子孙，则用温筒将男子精虫接种在女子腹内。如此决绝，目的是达到“三守”，关键在于“世界上男子是附属品，女子是主人翁”，“世界明权暗势都归我妇女掌中”。如此“妇女解放”，实在有点儿可怕。但我怀疑倡导这种“妇女解放”的，恰好是当惯了“主人翁”的男子。

吴绮缘的《冷红日记》1916年由小说丛报社刊行，浙图藏的是1922年的第四版。此书是继徐枕亚的《雪鸿泪史》后又一部用日记形式写作的长篇小说，起“元旦”，终“除夕”，共三十七节，一百四十四页。徐枕亚、吴双热为此书所作的《序》以及作者的《自序》，说的都是一句话：唯此书得“言情之正”。惜霞女史的《读〈冷红日记〉琐言》则赞其“于《红楼梦》得其憨，于《西厢记》得其艳，于《花月痕》得其痴，于《镜花缘》得其博，众美毕臻，可谓极小说之能事矣”。如此不着边际的吹捧，倒令人怀疑此书是否大杂烩。最有趣的是姚民哀那比较《雪鸿泪史》与《冷红日记》的《跋语》：前者述薄命红颜，个人伤心史，未免笔墨不大干净；后者则除一老父、伯父和弱弟外无男人，“力矫秽亵之弊病，与寻常言情之作不同”，故名之曰“至情”。鸳蝴作家这种“发乎情止乎礼义”的“理想的爱情”，一经漫画化，居然成了不要异性的“至情”，不亦怪哉！

梦花馆主江阴香的“醒世小说”《九尾狐》共五集，1908—1910年由社会小说林社刊行。初集有灵岩山樵《序》，比较其与《九尾龟》《胡宝玉》的异同，着实把《九尾狐》吹捧了一通。《九尾狐》从立意、体例乃至命名，均得益于张春帆的《九尾龟》，这没有什么好解释的；至于其与吴趼人的《胡宝玉》，确实有很大区别：一为长篇章回小说，一为文言笔记小说；一着重写胡宝玉一生经历，一着重表现北里历史。不过有一点是共通的，那就是《九尾狐》二集再版广告说的“以胡宝玉为全部主脑，贯穿近数十年北里历史”。以男女之情为线索，表现社会风貌和历史事变，《桃花扇》《梼杌闲评》已开此先例。只不过“新小说”家借鉴西洋小说一人一事贯穿始终的“布局”，而又不忘小说“补史之阙”的古训，故此类结构的小说特别多——当然，好多只是表达了这么一种“良好的愿望”。

“新小说”多演说调，但唯有《天足引》在封面标明“程宗启演说”，而不是“程宗启著”。阿英介绍过这部小说，可没说明出版时间。此书由上海鸿文书局出版，后附若干鸿文书局广告和一则《新世界小说社报》广告。前者提到《上海之维新党》去冬出初编，而《上海之维新党》1905年出版；后者只讲“内容分五大目”，当系初创刊时广告，而《新世界小说社报》1906年创刊于上海。另外，徐念慈《丁未年小说界发行书目调查表》录新世界小说社1907年所刊小说《宪之魂》等十七种，其中没有《天足引》；而《宪之魂》一书则附有《天足引》等已刊小说的广告。由此可推定程宗启的《天足引》一书出版于1906年。

广州

中山大学是我的母校，图书馆藏书真不少。这次来主要查阅《大陆报》、《女报》和《小说七日报》上几篇文章。据管理员称，《小说七日报》是编完《全国中文联合期刊目录》后才购得的，故未编入，也算中大的“珍本”。可惜找了半天没找着，不知是否误记。

中山图书馆正在搬迁，新馆坐落在中山大学旧址大钟楼（现为鲁迅纪念馆）旁边，相当宽敞，也很漂亮，院中四面墙上关于书籍发展的一组线刻尤为可观。到“港台书籍阅览室”看看，这是中山图书馆、广州图书馆、中大图书馆和暨大图书馆的优势，港台地区出版的重要的学术著作基本上都能找到。当然，不少是“出口转内销”。前几年，大陆很少出版国外学术著作的译本，广州的读书人好多靠港台译本来了解海外学术动向。港台译本不精，但数量多速度快，对于渴望了解世界而又无法获得原著或无法阅读原著的读书人来说，还是挺令人羡慕的。我有铃木大拙《禅学随笔》等书的中译本，是香港的友人送的，居然不止一次被人借去整本复印。这两年，国内翻译西方学术著作的势头很猛，成果斐然。在这种情况下，有出版社还不断盗印颇多谬误的港台译本，可就不大好理解了。在出版社是赚了点钱，在读者则是“谬种流传，误人不浅”。

收藏解放前出版书刊的中山图书馆南馆（特藏部）还没搬迁，不过杂志已经不出借了。几年前我在中大念书时，为做硕士论文，经常带上面包和茶杯，在这里一泡就是一天。如今也算旧地重游，只是图书馆管理员换了几位年青的，都不认识。其中有中大毕业的，大概是看在老校友面上，相当热情，书也取得快。

这里像北京图书馆和首都图书馆一样，中午不借书，但读者可留在阅览室看书，不用遛大街。可我中午还是跑出来了，有时逛自由市场，有时逛书店。逛市场并不想买什么，只是听人家讨价还价，觉得亲切好玩；逛书店真想买点什么，可又没见什么特别想买的好书。最后在古籍书店旁边见到一块“华南图书贸易有限公司”的小牌子，顺着不到一米宽的楼梯上楼，在一片电锯声、电焊声和嘈杂的人声中，售货员正介绍这批书是参加香港中国书展后送回来的，一律六折出售。挑了一套一直想买而又买不到的精装本《唐戏弄》，上下册一千五百页，才花了五块多钱。读书人的心理真是怪，你白送他十块钱他不稀罕，可要是买书便宜了三五块钱就高兴得不得了。我自然也未能免俗。

在中山图书馆也读到好几种值得一记的奇书。同样讲妇女解放,《女狱花》显得稳妥多了,大概跟作者自身是女人不无关系。《女狱花》共十二回,西湖女士王妙如著,1904年由其夫罗景仁自费印刷出版。罗氏在《跋》中介绍夫人如何抱病著小说,自称“不能如我佛释迦亲入地狱普救众生,只得以秃笔残墨为棒喝之具”,“非但一我妙如之现影,实千百万我妙如之现影”。书中两女英雄意趣不同,结局也迥异。沙雪梅自幼从父学少林拳术,一黑虎掏心拳打去,胡作非为的丈夫当即丧命。出狱后决心组织一女界革命党,将男贼尽行杀死,让那些求降的男人服侍女人。最后,沙英雄因大事不成而率众自焚。许平权不同意沙的主张,留学归来,办女学堂讲平权道理。且怕后人误以为女革命党不悦男人,故与支持女学堂的小说家黄宗祥结婚。大概那时候讲妇女解放的,大有要天下男子为两千年“夫权”赎罪的趋向,自然颇多偏激之辞。这才诱使王妙如女士在小说中设置两种类型的女革命党,表述她的妇女解放理想。

碧荷馆主人编的《新纪元》,1909年由小说林社出版,共二十回,二百二十页。小说述未来中国如何富国强兵,打败各国列强,订和约十二款。各国君主都签字了,唯有英、俄两国王不服,“说是签了这字,世界上的白种人就要做黄种人的奴隶”。小说第一回有一段话,表白了作家对这种预言式的理想小说的向往。作者认为,中国过去小说题材,不是取之于过去,就是取之于现在,“从来没有把日后的事,仔细推求出来,作为小说材料的”。只有西洋小说进来后，才有专就未来的世界着想的理想小说这样“别开生面的笔墨”。喜欢扮演预言家角色的,“新小说”家中不乏其人；此书的特点是从科学角度入手。

同样是预言,《瓜分惨祸预言记》“却是评叙中国光绪甲辰年以后，万民遭劫，全国为墟，积骸成山，流血成河的惨祸”。1902年，新小说社提倡“借以吐露其所怀抱之政治思想”的政治小说，本准备同时推出一正一反的《新中国未来记》和《旧中国未来记》，一述已变之中国，一述不变之中国。《旧中国未来记》后未见刊出，而《瓜分惨祸预言记》实可代之。小说共十回，一百三十八页，上海独社1903年出版。尽管封面署“日本中江笃济藏本，轩辕正裔译述”,《例言》中也声明“所有叙事，悉照原书，毫无增减”。可第一回译者如何得书，第十回先知如何赠言，该不会是“悉照原书”吧？“新小说”中此类假译本不少，并非都如此书及《自由结婚》《轰天雷》等出于政治上的原因，好多作家伪造译本，只是那时候翻译的比创作的吃香，好卖钱。阿英评彭俞《东瀛新演义》五种译笔流畅，实则彭兄只是拿着日本地图编故事，“译笔”当然流畅。

1906年小说林社出版的《哑旅行》（末广铁肠著，黄人译），中山图书馆只藏有下册。书后附有《谨告小说林社最近之趣意》，声称为坚持“寓诱智革俗之深心”，防止小说界因宗旨不明而黯淡无光，将已印之书分为十二类，“其无所取意者绝版不出”。用心不可谓不佳，但真正绝版的只有两种。实际上还是一种广告，不过高明点而已。“新小说”家大都参与编辑报纸杂志，或者自办书局，颇了解广告的作用和魅力，不乏自拟广告者。在我的印象中，广智书局的小说广告，小说林社、新世界小说社、小说丛报社的广告，都是很有特色的。商务印书馆的小说广告数量多，但平了些，大概不是作家所拟。小说广告当然不是小说论文，可很能代表当时一般读者的趣味。比如清末小说广告常用“思想高尚”“情节曲折”，而民初小说广告则常用“哀感顽艳”“文笔雅丽”，由此不难揣摩公众阅读心理的转变。小说广告的作者一般是无法考定的，但《哑旅行》后所附《辽天一劫记》广告，则很可能是该书作者徐念慈所自撰。因其时徐任小说林社编辑主任，拟广告应是他分内事；更何况此书后来因作者早逝而流产，旁人很难代拟如此详细的广告。包天笑《钏影楼回忆录》曾谈及此书构思，可互相印证。录下此则广告，一来为这本构思中的小说留一面影，二来为小说林社的广告做一例证，三来证实“新小说”广告对于小说史研究的价值：

> 本编记日俄甲辰之战，首尾完备。旅顺攻击、对马海战、奉天铁岭诸役，引据报章、日记以及局外观战员之报告，成此一大集。我国民身受之惨祸，应留为一大纪念，不仅对岸观火已也。出书后，再行广告。

说来惭愧，行程近万里，历时月余，读书不过百十种，且多是粗粗翻阅而已。书读得少还是一回事，因读书而怄气，可惜了多少名山胜水，那才令人懊丧。“行万里路”这一大人生乐趣，在书本的压迫下转瞬即逝，只留下一片汗渍。以我的愚钝，也许最好是“行万里路”时不读书，“读万卷书”时不行路。

1987年10月

（原刊《读书》1988年第2期、3期）

〈青灯梵呗话小说〉

小引

佛教与中国小说的因缘可谓深矣。谈六朝志怪离不开佛教；谈唐传奇的情节类型、宋话本的体制特征离不开佛教；谈明清“神魔小说”，乃至《金瓶梅》《红楼梦》这样的“人情小说”，也都离不开佛教。如果有人撰写“佛教与中国小说”这样的专著，我会拍案叫绝；可我却没能力从事这一很有意义的研究工作，实在遗憾。

清末民初小说与佛教的因缘，没有像六朝志怪或宋元话本那么深。不过，“晚清思想界有一伏流曰：佛学”；“晚清所谓新学家者，殆无一不与佛学有关系”（梁启超《清代学术概论》）。这一思潮必然冲击小说界，作家们用各种方式做出了反应：有虔诚习佛的，也有坚决破佛的。没出现《红楼梦》那样的杰作，可那种把僧尼作为活生生的“人”来表现的意图，那种重新解释佛学的热情，那种揭露骗局破除迷信的正义感，都是值得充分重视的。材料颇为零碎，好在我也没有长篇大论的设想，不过随手做些札记，发点议论。

至于说这到底是小说史研究，还是思想史研究，我也说不清。可能两者都不是，只不过写点自己觉得有趣的文字罢了。

欧阳修《归田录》引钱惟演语："平生惟好读书，坐则读经史，卧则读小说，上厕则阅小辞，盖未尝顷刻释卷也。"这里的"小说"当然不会是后世的章回小说，而是记载"残丛小语"的笔记小说。不过我很欣赏这种"卧读"的态度，过于认真地寻根究源，发掘微言大义，不仅会失去读小说的乐趣，而且容易流于穿凿附会。不幸，由于客观条件限制，我读清末民初小说，大都必须"坐读"乃至"走读"。

作为文学史研究者，大概很难避免这种窘境：为了研究工作的需要，你必须阅读许多你毫无兴趣的作品；而这很容易败坏你的胃口，把读书这种高雅的乐趣降为一种谋生的手段。读到一本对你的研究工作有用的作品，你会觉得愉悦；读到一本很适合你欣赏口味的奇书，你也会觉得愉悦。可这两种愉悦实际上并不是一回事。我希望能同时保持捕捉这两种欢娱的学者型理智的眼光和读者型好奇的眼光，既为工作进展而读书，也为自我娱乐而读书。

下面这一组谈论清末民初小说与佛教关系的札记，大体上就是这种自我娱乐的产物，对我自己以及学界同人研究小说史或思想史大概都没什么帮助。

1987 年 12 月

我佛最是钟情之辈 ——《邻女语》《劫余灰》

忧患余生（连梦青）的《邻女语》初载《绣像小说》第六至二十期（1903—1904），1913年由商务印书馆出版单行本，1957年上海文化出版社重新整理印行，1959年阿英将其收入中华书局版《庚子事变文学集》。小说共十二回，“文笔清隽可喜，实近日历史小说之别开生面者”（《清代轶闻》）。小说前六回采用限制视角，突破了传统章回小说的全知叙事。可我最感兴趣的，却是其中空相大师的说法。

我佛山人（吴趼人）的《劫余灰》初载《月月小说》第十至二十四期（1907—1908），1909年由上海广智书局出版单行本，1960年阿英将其收入中华书局版的《反美华工禁约文学集》，1986年中州古籍出版社选入《吴趼人小说选》。小说共十六回，不脱才子佳人旧套，不过表现的社会生活面颇为广阔，并发挥了一通“写情”的理论，对后来的言情小说有影响。小说第一回“开卷说痴情”：“自从世风不古以来，一般佻佻少年，只知道男女相悦谓之情，非独把情字的范围弄得狭隘了，并且把情字也污蔑了，也算得是情字的劫运，到了此时，那情字也变成了劫余灰了。我此时提起笔来，要抱定一个情字，写一部小说，就先题了个书名，叫做《劫余灰》。”写情便写情，何苦又弄出“老尼姑粲说淫欲情”，把佛陀也说成写情小说的庇护人？

正是这两个不大学佛的小说家突然兴起，引佛理入小说，使我们得以从一个特殊的角度，探索近代文人的读佛。

《邻女语》第二回写金不磨北上办赈，兵荒马乱中夜宿清江浦银河宫，听“貌古于松”“眼光如电”的空相大师说佛法：

> 虽然老衲出家以来，心如槁木死灰，业已置此身于度外，却已看得生就是死，死就是生，分不出甚么人鬼的境界。施主做事，将来必须学到这个地步，方得大无畏的好处，大解脱的真相。

此话无甚新奇，可联系上下文，却别有深意。空相闻知不磨是因北方兵乱，决心破家救人北上办赈，连声称赞：“此真不愧善门之子，善哉！善哉！”并热心指点路径，为不磨主仆提供诸多方便。大概在她看来，所谓心如槁木、超然物外，并非只是一种自我修养；佛门弟子以慈悲为本，以行善利他为宗旨，不磨的义举实已得“大无畏的好处”。难怪她听完不磨的计划后连连表示：

“施主是佛门过去人，老衲多言了。”

《劫余灰》第十至十二回写朱婉贞被逼娶不成的式钟打死后弃尸荒野，雷雨中死而复生，夜闯贞德庵，被老尼妙悟收留。其中妙悟为婉贞说法，四句偈中，却有三个情字，弄得婉贞大惑不解：“我佛清净无为，虚无寂灭，何以尚不能忘情？”于是引出妙悟一番宏论来：

> 佛以慈悲为本，请教大慈大悲，发宏大誓愿，拯救众生，这个情还有比他大的么？……可笑有一种人，欲求皈依佛法，动说勘破情关，不知破了情关便是我佛的罪人，如何可以皈依？究其所以之故，不过是误拿欲字作情字解，其实他是勘破欲关，情关如何破得呢？便是老衲，苦修数十年，无非是勘不破一个情字。

说“我佛慈悲”，这并不新鲜；说“我佛最是钟情之辈”，也不无道理；说“愈到心如槁木死灰处，愈是我情最深处”，可就有点费解。

两位老尼说的基本是一回事：只有“虚空”，才能不着我相，才能大无畏，才能慈悲救世。这样来解说佛法，在清末民初乃至二三十年代，都颇有代表性。

从戊戌变法到辛亥革命，不少进步思想家从增进国民道德角度提倡学佛，正是着眼于“虚空”与“无我”。章太炎《建立宗教论》主张:"非示无生则不能去畏死心，非破我所则不能去拜金心";谭嗣同《仁学》则认为"善学佛者未有不震动奋厉而雄强刚猛者也";梁启超的《论佛教与群治之关系》甚至宣称只有佛教才能创造"舍身救世"的新民。说到底还是政治家在利用佛学。不过如此一来，佛学确实身价百倍，学佛者日见其多，近代佛学的复兴与此不无关系。

并非每个学佛者都能如谭嗣同"我自横刀向天笑"，慷慨赴国难;倒是"大慈与一切众生乐，大悲拔一切众生苦"这一佛理之根本，更能吸引"五四"一代文人。周作人之为《布施度无极经》那舍身救世的大宏愿所感动;胡适之读《回向品》，赞赏那"不以恶众生故，嫌恨退没，不行回向;不以难调伏众生故，退舍善根，不行回向"的菩萨心肠，甚至作《回向》诗以志怀。这也是不少"五四"作家读佛经而积极入世的根本原因。

以慈悲为佛学根本，如此读佛，当然不会消极厌世。正如弘一法师所说的:"学佛法之人皆须发'大菩提心'，以一般人之苦乐为苦乐，抱热心救世之弘愿，不唯非消极，乃是积极中之积极者。"只是佛门弟子，号称方外之人，如何热心救世? 1913 年革命党人发动"二次革命"，苏曼殊当即发表《讨袁宣言》:"衲等虽托身世外，然宗国兴亡，岂无责耶? 今直告尔:甘为元凶，不恤兵连祸亟，涂炭生灵，即衲等虽以言善习静为怀，亦将起而褫尔之魄!"正是这种由慈悲心衍化出来的强烈的社会责任感，使不少近、现代僧人不曾完全忘情世事。八指头陀诗名满天下，有“我虽学佛未忘世”“国仇未报老僧羞”等名句；弘一法师于抗日战争中则有“念佛不忘救国，救国不忘念佛”的主张。至于僧人如何“救国”，如何“报国仇”，则非本文所能详细评述。

玄妙观前盂兰会——《扫迷帚》

壮者（疑即丁逢甲），作《扫迷帚》二十四回，初刊1905年《绣像小说》第四十三至五十二期，1907年由商务印书馆印成单行本发行，1960年收入中华书局版《晚清文学丛钞·小说一卷》。小说开卷第一句就是“看官，须知阻碍中国进化的大害，莫若迷信”。为破除迷信，“生平专讲实践，最恨鬼神、仙怪、星相、卜筮诸说”的表兄卞资生，与“把这因果祈祷之说，看作圣经贤传，身心性命之事”的表弟杨心斋，展开一场激烈的辩论，由此搭起整部小说的构架。可小说还有另一条比较后起而隐晦的线索，那就是资生为修辑邑志而采风问俗。

我更注重这后一条线。资生为了“一洗那旧志专记掌故，不列民事的陋习”，而“仿东西新历史体裁，实实的将风俗文化，关于人群的现状，详细搜载”。这种史学观点，颇可注意，跟其时梁启超提倡的史学革命不无联系。只是中国文人之注重地方风物，从南朝梁宗懔的《荆楚岁时记》起，可谓代有传人。《扫迷帚》的

《扫迷帚》封面

特点在于以小说志“风俗文化”，这在中国章回小说史上是个创举。志风俗而注重怪现状，谈文化而着力反迷信，自然是跟那时候政治小说、谴责小说的风气有关。

所志风俗，也曾旁及杭州、扬州乃至安徽、山西等处，但以苏州为主；所批迷信，有属儒家，有属道教，也有不明来由的民间禁忌、信仰，但更多的应归于佛教。作者对佛教全无好感，主张改寺庙为学堂。“我中国梵刹重重，要来何用？不过供那班不耕而食、不织而衣的僧人享受，为藏娇匿罪的巢窟。”小说中描写舍身站笼七日夜募建佛寺的和尚（第十二回），与自称能起死回生骗取钱财的和尚（第十四回），都不及李伯元、吴趼人笔下的和尚生动。有趣的是第六回写苏州绅衿妇女竞相拜和尚为师，平日里做出百般羞态，独于和尚跟前无不放浪形骸；第十五回写暮春三月天竺进香，男女老少，贵贱贫富，或专诚祈祷，或请丹还愿，或借佛游村，或赶热闹嬲妇女，一时热闹非凡；第二十回写是年因疫疠大行，死亡相续，各处佛事因而不断，"不独男僧生意大为增色，即女尼价值亦顿加数倍"。欲知清末民初佛教对普通民众的影响，几乎不可不读《扫迷帚》。虽说力主破佛，作者对各种佛事及民众的反应描写颇详，略有调侃，但不失客观，且文字通畅清丽，这在清末小说中也属难得。

小说写得最有声色的佛事当推第四回前半的盂兰盆会。此会是根据西晋竺法护译的《佛说盂兰盆经》而举行超荐历代祖先的佛事。大同四年（538）梁武帝首次在同泰寺设盂兰盆斋，此后愈演愈烈，后世更有放河灯、焚法船之举。宋人吴自牧《梦粱录》卷四记七月十五僧寺建盂兰盆会，有设醮饭拔孤魂、焚冥衣祭祖宗、放江灯超度生灵等项活动。清人潘荣陛《帝京岁时纪胜》"中元"条亦有如下记载："庵观寺院，设盂兰会，传为目莲僧救母日也。街巷搭苫高台、鬼王棚座，看演经文，施放焰口，以济孤魂。锦纸札糊法船，长至七八十尺者，临池焚化。点燃河灯，谓以慈航普渡。"古今相距五六百年，南北相隔三四千里，可盂兰盆会仪式却大同小异。《扫迷帚》不记河灯、法船，只写苏州玄妙观前出会盛况。各种鬼相描摹详尽后，作者添一句："以上诸鬼，却都兴高采烈，鬼混鬼闹，鬼笑鬼跳。一路人看鬼，鬼看人，应接不暇。"有此一句，顿时妙趣横生，庄严的佛事成了人间的娱乐嬉戏，破除迷信的先验主题也被生动的风俗场面所取代。虽说不如鲁迅先生笔下"鬼而人，理而情，可怖而可爱的无常"那么令人易于亲近，这"摆来踱去，全是官样，是鬼是官，令人莫辨"的焦面大王鬼，那匍匐作求乞状的借债鬼，以及骑马按辔押解冥镪纸帛的鬼将，身穿号衣手持各色军器的鬼兵，嘻嘻哈哈招摇过市，实则鬼味少而人情多。如此着墨，说是"能令人发一大噱"可矣，说是揭穿迷信伎俩则未必。因为是鬼是人，全都逢场作戏，热闹一场罢了，未必记得目莲救母或解先亡倒悬之苦的古训。

同时代以盂兰盆会为题材的小说，还有非非国手的《放河灯》，刊于《月月小说》第十九号。大意述观河灯时老少奔窜，说是见溺鬼；少年于是以科学论证世上本无鬼。小说前有弁言，云："国民性格，有一般天然之迷信，不速针砭，于进步大有窒碍。著者由此落想，拟贡此篇，以为改良社会之一助。"立意不可谓不佳，只是把小说写成辟鬼论，则又未免可惜。

十几年后台静农写小说《红灯》，借七月半鬼节得银娘放河灯，超度冤死的银儿这一细节，揭示了一种带浓厚悲剧色彩的既伟大又荒诞的爱。作家已不再追究亡灵是否需要金钱，鬼神是否可以贿赂之类的枝节问题，而着眼于这一仪式中如何寄托着愚民百姓的情感和希望。大概也只有到这个时候，盂兰盆会之类的佛事，才真正从风俗志和科学论文中挣脱出来，成为小说中的有机组成部分。

一卷法华难解脱——《玉佛缘》

《玉佛缘》共八回，嘿生著，初刊《绣像小说》第五十三至五十八期，1908年由商务印书馆出版单行本，1960年收入中华书局版《晚清文学丛钞·小说一卷》。

人称辟佛之说，宋儒深而昌黎浅，宋儒精而昌黎粗。纪昀则云："然而披缁之徒，畏昌黎不畏宋儒，衔昌黎不衔宋儒也。盖昌黎所辟，檀施供养之佛也，为愚夫妇言之也。宋儒所辟，明心见性之佛也，为士大夫言之也。天下士大夫少而愚夫妇多；僧徒之所取给，亦资于士大夫者少，资于愚夫妇者多。使昌黎之说胜，则香积无烟，祇园无地，虽有大善知识，能率恒河沙众，枵腹露宿而说法哉！……使宋儒之说胜，不过尔儒理如是，儒法如是，尔不必从我；我佛理如是，佛法如是，我亦不必从尔。各尊所闻，各行所知，两相枝柱，未有害也。"清末小说家所辟之佛，当然也是"檀施供养之佛"；故其说浅且粗，但其效果却非宋儒之空谈心性可比。

《玉佛缘》一头一尾有两段正面批判佛教的话，可作为作者的高见读：

> 佛教最不足信。那佛是专讲一切平等的，如今把他抬举的恁高，也非佛的本意。既言平等，就不讲什么富贵贫贱。如今的人，却指望着他降福，岂不愚极了么？再者，和尚尼姑，要算佛门的败类，世上人却把他当做活佛看待，不是愚而又愚么？
>
> 一切神佛都生于人心，没见识的人，只觉得地球上的风云雷雨、日食月食各事，都可恐怖，如一一明白了那缘故，也不至怕到那步田地。至于神佛，也是这个念头，一条心是畏惧，一条心便是希望，假如明白了没神没佛的道理，自然心就冷了。

后者用粗浅的科学思想来批驳佛理，谅非僧人所能信服；前者骂僧尼为佛门败类，却是古已有之的“警句”。至于说中国人于诵经拜忏，有信也有不信，却都因风俗强迫循例做去，是入情入理的大实话，可也谈不上破佛妙论。看来作者对佛理不甚了了，只不过对和尚的胡作非为、对世人的崇拜神道深恶痛绝，故奋起破除迷信罢了。

小说写了相面、扶乩、风水、八字等迷信活动，但重心落在俗姓余法名了凡的灵隐寺大和尚，如何哄骗江苏抚台钱梦佛（字子玉），使他相信自己是玉佛再世，出巨资在苏州修建无量寿寺，以供了凡奸淫民女。写恶和尚玩手腕奸淫妇女，从《清平山堂话本》中的《简帖和尚》，到晚清小说《泡影录》《玉佛缘》等，也算中国古典小说“永恒的题材”。可了凡非一般恶和尚可比，他交结官府，因而才敢肆无忌惮。两个学生发现无量寿寺“五间楼暗藏春色”的秘密，告到抚台大人那里去，抚台大人居然怒道：“和尚量不至此，学生读书要紧，休去管闲事！”某御史闻知此事，奏了一本特参钱抚台，了凡居然还能入京走了内监的路子，把寺里劣迹一齐洗雪，连子玉也没事了。此等和尚，真的可谓“神通广大法力无边”。

清代初年，苏州人石濂因故出家，法名大汕，初来广州，不过卖画观音，称讲师而已。后因谄事平南王之幕僚金公絢，得主持长寿寺，干了许多非法的事，终被治罪，瘐死狱中。清人笔记多有记其事者。独逸窝退士《笑笑录》卷四中“僧出家”条云：

> 吴薗次游广陵，有僧大汕者，日伺候督抚、将军、监司之门，一日向吴自述酬应杂遝，不堪其苦。吴笑应曰：“汝既苦之，何不出了家？”坐上大噱。杨诚斋诗云：“袈裟未着嫌多事，着了袈裟事更多。”此僧之谓乎？

钮琇《觚剩》“禅讽”条也记此事，可见流传颇广。大汕之行事，颇有与了凡相类者，不知嘿生写作《玉佛缘》时是否以其为原型。

《玉佛缘》不同于以往同类题材的小说之处，在于其不但揭露和尚之奸诈，而且批判官吏之昏庸愚昧。一个巴掌拍不响，单骂和尚勾结官府残民以逞是不公平的。没有钱梦佛之类佞佛的昏官，了凡在灵隐寺“要想找点儿荤腥吃吃，弄个把女人陪陪，那是万做不到”。如此看来，破佛的关键不在烧寺院。“把寺院都烧了，搁不住做官的人深信和尚，必至替他报仇，办你们放火的罪名。况且一座寺院烧掉，再造一座，有何难处？岂不更靡费了有用的资财？”因此最好的办法是教育那些信和尚的官吏自悟其非；而教育的关键在于开办女学堂。女子明白了道理，男子自然跟着明白，“哪里还有和尚吃饭之处”？子玉终于明白玉佛转世纯是鬼话，可太太、小姐却仍一心向佛，甚至当子玉病危时，还把了凡和尚接来催命。难怪友人慨叹：“都是女学不兴的缘故，没法治的。”由反迷信到骂官僚再到倡女学，小说主题转了两个弯，不过立足点仍在破佛。这是晚清小说的特点，受政治小说的影响，作者都希望在小说中提供治世的良方。

子玉临死连声喊道：“玉佛害我！”于是友人吊子玉诗云：“一卷法华难解脱”。如此学佛，实与佛教真义无关，再念百遍“华严”、千遍“金刚”，也仍然不得解脱。不是《法华经》不精，而是念经人不诚——嘿生攻倒的是走火入魔的佞佛者，而不是佛教自身。这可是作者所始料未及的。

出家容易归家难 ——《廿载繁华梦》

黄小配的长篇小说《廿载繁华梦》，1905 年连载于《时事画报》，1907 年由汉口东亚印刷局出版单行本，后屡次重刊。小说写周庸祐接替娘舅当广州海关库书后，施展手段，扶摇直上，成为广东巨富，后被抄家通缉，只身出走暹罗。小说结尾诗云："由来富贵浮云里，已往繁华幻梦中。"既是想渲染"富贵浮云人生如梦"，自然得来点佛、道。这也是中国小说的老规矩了。

从第六回周家为超度邓氏于长寿寺开坛打斋起，木鱼声就始终伴随着周家从兴盛逐步走向衰亡。志存和尚的看相论"银精"，固然是讨好施主的小把戏；容尼的抱怨清苦，羡慕富贵人家女子如珠似玉，也非出家人本色。看来作者对佛教没多少好感。倒是五房姨太太桂妹的出家处理得还不错，于其中也可见僧人生活的一个侧面。

话说周庸祐那夜在锦绣堂厅上，因妓女桂妹正热恋姓张的

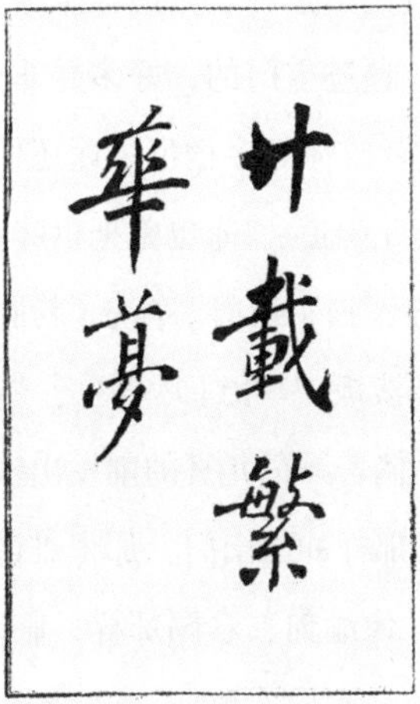

《廿载繁华梦》扉页与插图

美少年，几乎没空到厅上来，于是赌气用六千银子把她赎回去当第五房姨太太。虽说居高堂衣文绣，可桂妹“细想人生如梦，繁华富贵，必有个尽头”，于是悄悄出逃羊城，削发为尼。静坚(桂妹)大概尘缘未尽，才会不时于言谈中透露她与周府关系，也才有容尼的为马氏带话劝她还俗。“负气出来，又屈身回去，说也说不响的。”静坚当然知道马氏不过是见气运不好，发点慈心，接她回去以消灾，可还是半推半就。只不过后来因周家被抄，静坚有家归不得，甚至连省城尼庵也住不稳，只好流落他乡。

按理说，寺院不该收留桂妹这类负气出家者。所谓“尘缘未尽”，何来“心如止水”？可古往今来，遁迹空门的，好多并非真的悟出四谛法门，而是为生活所逼。这就难怪颇多僧尼中途还俗。关汉卿《望江亭》第一折中，寡妇谭记儿唱道：“俺也曾把世味亲尝，人情识破，怕什么尘缘羁绊？俺如今罢扫了蛾眉，净洗了粉脸，卸下了云鬟，姑姑也，待甘心捱您这粗茶淡饭。”可到头来还是“若有似俺男儿知重我的，便嫁他去也罢”。倘若谭记儿真的削发出家，会不会终有一天像《玉簪记》中的陈妙常那样冲出山门？那很难说。不过桂妹说得对，“出家容易归家难”。像缅甸、泰国那样，临时出家成为一种习俗；或者像明治以后的日本僧人那样，可以带妻修行，那么“出家”“归家”难不到哪儿去。可中国僧尼一般必须按《四分律》受具足戒，这样俗、圣生活有天壤之别，要转过这个弯可就不那么容易了。

本来“在家”“出家”，作为一种可供选择的生活方式，个人享有充分自由，只要你入世时遵守“世间法”，出世时遵守“世外法”就行了。也就是说，“在家”时像个“俗人”，“出家”时像个“僧人”，不要弄得像《红楼梦》里岫烟所嘲讽的，“僧不僧俗不俗”。可中国文人恰好喜欢在这“不僧不俗亦僧亦俗”上做文章。历代文人多有逃禅习佛归隐山林的，可也多有专骂“装点山林大架子，附庸风雅小名家”的。高僧人人敬重，可对礼佛的士大夫与还俗的和尚，历来都有相当苛刻的批评。有讥其虚伪造作的，也有讥其沽名钓誉的。但我怀疑，这里面跟中国人对寡妇再嫁或者遗老事新朝的鄙视颇有共通之处，那就是恨其未能“从一而终”。确实有靠玩出世入世把戏骗人的；但不排除好多人在人生的某一阶段对佛教感兴趣，真诚地希望皈依我佛，而在另一阶段却希望还俗入世，享受人生乐趣。若如是，其“出世”，其“入世”，都没必要苛责。世人似乎希望所有托身佛门的都如高僧大德六根清净，稍有“私心杂念”即传为天大的笑柄，历代小说中专拿僧尼寻开心的还少吗？可就是难得作家把僧尼作为活生生的有血有肉的“人”来看待，要么圣洁，要么淫荡。我倒希望能多看到像《断鸿零雁记》那样表现“方外之人自有难言之恫”的小说。理由很简单，僧尼也是人，不过是有特殊信仰、特殊生活方式的人而已。

林语堂自称读《红楼梦》最讨厌妙玉，说她假模假式，骨子里是个“色情狂”；红学家们也多批评妙玉庸俗、虚伪，不大守佛门清规，见了宝玉居然也会脸红。我倒怀疑妙玉如果真的心如止水，整天独坐孤庵，是否真的更可敬可爱。

历代小说、笔记，多有写僧人微动一念，坏了法身者，不外讥其道行未深；现代作家则有依据弗洛伊德的变态心理学来描写一代高僧或普通女尼的性苦闷的（如施蛰存的《鸠摩罗什》和叶灵凤的《昙花庵的春风》），意在表现人性的不可压抑。或褒或贬，都是用俗人的眼光来观察、评判僧人的行为，未免隔膜。黄小配并未着意塑造僧尼形象，桂妹的出家在小说中也不过寥寥数笔；唯其不加褒贬，未曾着意经营，反而显得真实可信。

情天从古多缘业——《孽海花》

《孽海花》第一回发表于1903年，最后一回发表于1930年，这期间版本变化情况颇为复杂，大而言之，1905年至1907年是这部小说“主体工程”完成的年代。小说出版后大受欢迎，尤其是那些有“索隐癖”的读者，更觉“因为有影事在后面，所以读起来有趣一点”（蔡元培《追悼曾孟朴先生》）。此后，不断有好事者为《孽海花》索隐，最多者居然举出有史实可稽的书中人物二百七十八名之多。自然，索隐的着重点落在傅彩云——赛金花身上。有这一部名著推波助澜，曾经做过公使夫人，而且在庚子事变中出尽风头的名妓赛金花，俨然成了中国近代史上的重要人物。

蔡元培赞赏《孽海花》：“不但影射的人物与逸事的多，为从前小说所没有，就是可疑的故事，可笑的迷信，也都根据当时一种传说，并非作者捏造的。”这里所说的“可笑的迷信”，当然是指小说中关于傅彩云乃烟台妓女梁新燕的后身，故粉颈中有一线

《孽海花》封面

红圈，作为前身缢死的印记这一描写。在1928年真美善书店修订版中，彩云粉颈上的红丝是取消了，可缢死的烟台妓女梁新燕投胎为彩云，折磨负心郎君金雯青这一情节仍然是小说结构中重要的一环。当年胡适曾指责此“迷信无稽之谈”，乃“老新党头脑不甚清晰之见解”。十年后曾朴修改《孽海花》，则称此类“迷离神怪的描写”，颇有象征主义的意味。孰是孰非，姑且不去管它。至于烟台孽报之说非曾朴捏造，这却是事实。金松岑《为赛金花墓碣事答高二适书》称其所作《孽海花》初稿，开篇即隐射此事。1905年小说林社版《孽海花》第一回，还保留着金松岑所作骈文一篇，中述这一果报因缘。

还不只是金松岑，樊增祥写赛金花一生的长篇叙事诗《彩云曲》，也有“情天从古多缘业，旧事烟台那可说”这样的诗句，序言还详细记叙此一传说，称为“得非霍小玉冥报李十郎乎”。吴趼人《胡宝玉》第三章也曾记录此说，不过斥为“巫蛊之言，不足道矣”。赞赏也好，鄙夷也好，此说为其时所盛传，当无疑矣。我感兴趣的是为何那么多人乐于传播这一显然荒诞无稽的故事。

商鸿逵在《曾孟朴与赛金花》中，称其曾偷看赛颈，“就连半截红纹也没有”。这又未免多事，此类果报小说旧套，岂可当真？赵景深的《曾孟朴的〈孽海花〉》，认为曾朴是模仿元人乔吉的《玉箫女两世姻缘》，则又过于坐实，因为此类宣传业报的小说，在中国古代何止成千上万，只不过不一定粉颈上有红丝罢了。

要说佛教对中国人文化心理结构的影响，“三世因果”说无疑是重要的一项。前生的善恶行为，决定现世的贫富穷达；今生的善恶行为，又必然导致来生的祸福报应。两千年来，多少文人学士为此大发宏论，写下多少诗篇，敷演出多少小说戏曲。如果说唐宋明清的读者还信这一套，那么经过近代科学洗礼的知识分子，还信这些吗？章太炎曾经主张建立摒弃六道轮回、地狱天堂的佛教，可牵一发而动全身，否认六道轮回，如何看待十二因缘？会不会因此而动摇佛教的整个理论根基？读当代僧人、居士撰写的佛学著作，我老想知道他们是如何论证报应之分毫不爽的，因为这是谈佛学的人无法绕开，而又很容易引起当代青年反感的问题。精巧一点的，努力划分“业报说”与“命定论”的区别，论证因果转化的各种复杂条件；粗俗一点的，则告诉你业报之无法验证，纯粹是因为今天科学的不发达，无法解答森罗万象的宇宙人生。很可惜，所有这些，都没能把我这有心向佛的俗人说服。

偶读纪昀《阅微草堂笔记》卷十七《姑妄听之》，对中国文人之好谈业报恍然大悟。“佛自西域而来，其空虚清净之义，可使驰骛者息营求，忧愁者得消遣；其因果报应之说，亦足警戒下愚，使回心向善，于世不为无补。”原来佛学可分解成供给士大夫的“空虚清净之义”与供给下愚百姓的“因果报应之说”。关键不在于是否理论圆熟，颠扑不破，而在于能否起“警戒”作用，能否使人心向善。如此说来，纪昀讲了那么多果报故事，本人是否真的相信果报之说，很值得怀疑。推而广之，中国文人之喜谈果报，其中当有不少是把此类故事当寓言讲，别看言之凿凿，似乎煞有其事，其实自己心里也不见得相信。

到中国人大都对果报之说一笑置之的时候，把果报故事当寓言讲，或者如曾朴说的据以给作品增加一点象征主义色彩，那都无不可。但只要中国人还对前生后世事耿耿于怀，我就宁愿像周作人那样宣称：讨厌一切喜谈果报的真假道学家。至于用业报来解释“情天”并结构小说，那也是古人早就用滥的老套，我不觉得曾朴有什么值得夸口的。

安得慧剑斩邪魔——《老残游记二集》

刘鹗的《老残游记二集》九回（未完），最初刊载于1907年《天津日日新闻》，1935年上海良友图书公司出版收入其中前六回的单行本，1962年中华书局版《〈老残游记〉资料》增收二集七至九回。此后刊行的《老残游记》，多以二集九回作为附录。

有日本京都大学人文科学研究所藏《天津日日新闻》原件在，关于二集的真伪问题用不着再争论。至于说二集远不如初集精彩，那更是仁者见仁智者见智。林语堂倒是对二集特别感兴趣，除将其重刊于《人间世》、为良友版《老残游记二集》作序外，还将那时所能见到的前六回译成英文，题为《泰山一尼》（*A Nun of T'aishan*），和其他译文合在一起，1936年交商务印书馆出版。1951年林语堂又将其收入《寡妇、尼姑与名妓》（*Widow, Nun and Courtesan*）一书，在纽约出版。我赞赏林语堂的眼光。此书虽不完整，前六回作为一部中篇读，还是挺有韵味的，更何况写出了一个中国文学史上罕见的才识高超、风采照人的女尼形象？林语堂慨叹“斗姥宫果有此人，吾非上泰山不可”；我则无此逸致，只想细细品味逸云由俗入圣的心理历程。

刘大绅称《老残游记二集》“前半写心理，后半写佛义”。纯粹的“写佛义”，如老残与逸云斗机锋，赤龙子说雅俗与戒律，以及逸云的评儒释道三教，都颇多高超的议论，只是非考究刘鹗与太谷学派的关系无法探其奥秘。我更感兴趣于逸云的悟道过程。研究者喜欢把二集里的逸云与初集里的玙姑混为一谈。就思想趣味两人不无相似之处，可后者不如前者容易亲近。关键就在于后者一出场就是个传道的“圣人”，尽管作家再三强调其潇洒通脱；而前者从迷恋任三爷到“无人相无我相”有好长一段心理历程，作家借逸云自述把这一切和盘托出。实际上这种悟道的心理过程，本身就包含着佛义，不待外加。

在中国，俗、圣生活方式悬殊，由俗入圣不是一件简单的事情。生活中不乏走投无路时披剃入山者，作家们也习惯于把出僧入道作为主人公的最后退路。伤心已极，要么自杀，要么出家。可极少人注意这些出家人的心理变化，似乎一句“心如土灰”就能表达这种极为复杂的思想感情。清末民初小说中不乏出家者，如吴趼人《恨海》中的棣华、遁庐《斯文变相》中的冷镜微、徐枕亚《弃妇断肠史》中的弃妇等，可所有这些出家人都不曾“悟道”，起码作家不曾表现他们如何“悟道”。剪下那“十万八千根烦恼丝”，不等于就真的由俗入圣。皈依我佛主要是一种心灵的启悟，可在作家笔下竟成了避难的借口。这就难怪中国小说中的僧尼形象大都只是点缀式的“小摆设”，很少有独立的艺术生命。

雨果《巴黎圣母院》中的克洛德副主教、霍夫曼《魔鬼的万灵药》中的修道士麦达杜斯，以及现代日本文学中的诸多和尚形象，都力图精确剖析僧人复杂的内心世界，而不局限于表面的赞扬或批判。中国文学中缺少此类血肉丰满真实可信的僧尼形象。这不仅仅说明中国作家对某一层次的人物缺乏了解，而且说明中国作家对人类精神发展的某一侧面不甚关心。

在清末民初小说中，比较有艺术生命力的僧尼形象，除了《断鸿零雁记》中的三郎，再就是这一个逸云了。这当然跟苏曼殊、刘鹗对佛学颇有修养、对方外之人颇多了解大有关系。不少作家以俗人眼光观察、揣摩僧人心理，自然不着边际。比如说什么五四运动倘若早来一年，李叔同就不至于出家当和尚云云。至于僧人，对自己出家时那种可能非常矛盾微妙的感情变化，则又守口如瓶，或者尽量神秘化。寄禅（八指头陀）明明是家贫不得已削发为僧，可《中华佛教总会会长天童寺方丈寄禅行述》则称其“见篱间白桃花为风雨摧落，感而大哭，遂投湘阴法华寺从东林师”；而到了《新续高僧传》那就更神了，说是寄禅“数岁时，好闻仙佛事，常终日喃喃，若有所吟诵”；再写下去，很可能是出生时即有梵音绕梁，三日不散。俗、圣两界都对“出家”这一人类精神生活的重要现象做表面化的解释，无疑是十分可惜的。

正是由于这种对僧尼出家的误解，才会有刘鹗的侄孙站出来指责逸云“醉心虚荣，财迷心窍，居心阴险，自私自利”，并进而断言《老残游记二集》为伪作。刘鹗远远高于他侄孙之处在于，他知道僧尼也是人，也会有各种功利打算，正是经过一系列精神上的生死搏斗，才真正抛弃利欲，打破魔障，透出智慧之光，并遵照梦中老者的嘱咐，用本来具足的慧剑斩断邪魔，最终坚定不移地由俗入圣。这个心理过程，至今读来仍觉惊心动魄。

逸云说僧尼有爱心，“只是不分男女，却分轻重”，这话跟《劫余灰》中妙悟说“我佛最是钟情之辈”大致相通，都是反对世人把“爱”“情”简单归结为男女相悦，这是符合佛学精义的。至于逸云把自己分成两个人，一个叫作住世的逸云，尽可随俗；一个叫作出世的逸云，闲暇时“就去同那儒释道三教的圣人顽耍”，却并非佛家的主意，更多渗入刘鹗本人调适三教乃至游戏人生的生活理想。

慧生和老残都赞赏逸云，“真想结交这么一个好朋友”。把逸云作为一个好朋友来看，而不是一个六根清净的高僧或者放荡不羁的淫尼，才能真正尊重她的感情和信仰，也才能真正理解她的举慧剑斩邪魔。

灭佛者，和尚也 ——《天上大审判》

1917年新春，李叔同以居士身份居杭州虎跑定慧寺习静，目睹友人彭逊之在寺出家，大受感动，即皈依老和尚了悟法师为在家弟子，第二年农历七月十三正式披剃于定慧寺，取法名演音，号弘一。弘一法师出家这段因缘经夏丏尊等人的再三渲染，治中国近、现代文化史的学者大都熟悉；只是对于其中起重要作用的彭逊之，却很少人提及。

彭君名俞，字逊之，江苏溧阳县人，生于光绪丙子（1876）三月初二，中年出家为僧，法名常仁，号安仁大士，1928年在马一浮等人劝说下还俗，1946年中秋节前夕坐化。作为僧人，彭君虽有《禅髓录》《禅髓赘录》《禅髓集证》《禅髓剩墨》等著作，但喜饮酒作歌，当然成不了高僧大德。马一浮居士的《哀彭逊之》写得很有分寸："不屑屑于教义，自谓有得于禅定，而颇取神仙家言，以是佛者或外之。"可以理解为不守教规，也可以理解为另辟蹊径，反正不是一般意义上的虔诚的佛教徒就是了。据说他对弘一法师的持律谨严甚有微词，颇有禅宗呵佛骂祖的口气，这在近现代佛学界当然很不吃香。

彭俞为后世所追忆的，很可能不是十年为僧著《湖隐禅院纪事》，也不是二十年返儒治《春秋》《周礼》，而是青年时代的混迹文坛做小说。沪滨散人的《〈闺中剑〉跋》云："溧阳彭逊之先生俞，富于著作，尚根本之学。其于古诗文辞，则曰守愚氏，曰竹泉生；其于小说，则曰破佛。"诗文无甚可观，小说倒是值得一说。1906年小说林活版部代印破佛所著《泡影录》，后附有破佛所著小说目录："东瀛新侠义"五种（《栖霞传》《双义传》《琵琶湖》《三浦女子》《慧珠传》）、《闺中剑》、《三家村》。另外，阿英看到过破佛所著小说《双灵魂》，认为是书"有小说的结构，缺乏小说的描写"。我这里着重谈谈极少被人提及的《天上大审判》。

《天上大审判》，破佛著，儒冠和尚评，1909年由上海均益图书公司出版，据说前曾连载于上海的《沪报》。小说共六章，后附《答客问》九页。儒冠和尚的《总评》云："破佛读《法华经》毕，曰是直一部白话《庄子》耳。余读是书竟，亦曰是直一部白话《圣经》耳。破佛又曰：使孔子与释迦遇，必为良友。余亦曰：不知死生之故者，必不能知释迦，亦不能知孔子，所以不能知伦理，亦不能知礼教、不能知法律，亦不能知我之所以为我。哀哉！"吹得神乎其神，不过我很怀疑老给彭俞小说作评的儒冠和尚，就是彭俞本人。晚清小说家自作自评的不少，这也没什么不好，只要不太离谱就行了。可我实在读不出《天上大审判》有什么白话《圣经》的味道，还不是把地上的故事搬到天上去，便于讽世骂街？这也是那时候流行的老套，没什么好吹的。此类作品，一是要设想奇特，二是要语言隽永俏皮。这两点《天上大审判》只能算基本合格。不怀疑作家有才气，可随意挥洒，当然不能弥补草率成书留下的巨大缺陷。破佛的小说，有好的细节、好的对话，可没有好的章节，更不用说艺术上略为完整的小说。《天上大审判》也不例外。

小说写飞廉告武王不守臣道杀君篡国，天上于是举行大审。玉皇主审，左边第一班是伏羲、神农、文王、武王等，右边第一班是稷、伯夷、叔齐、孔子、孟子等，左边第二班是释迦、弥勒等，右边第二班是洪钧、老君等。正争论不休，黄帝来报中国被欧美列强包围，灭亡在即，如何是好？洪钧告退，道教本不关心人间世事；孔子和释迦又无能为力，因“中国现在没一个遵守我的教训”。最后还是孔子出了个馊主意：“必须将君主、民主、封建、联邦合而为一，便可以成为世界上第一等国，此外更无良法。”大概佛家对中国前途颇不乐观，因为小说结尾文殊、普贤唱道：“一个地球一团糟，着手不得随手抛”；“大千世界黑如漆，着脚不得一脚踢。”

使我感兴趣的是作者对和尚的看法。彭俞署名“亚东破佛”，自然是对佛教无甚好感。《泡影录》第八回主人公廷彦发誓：“我们日后稍有权力创行地方自治的规则，第一切记不可容留僧道。他们就是安分守法，究竟也是个吃闲饭的废人、蠹国的游民。僧道不灭，哪会能富强呢？”《天上大审判》继续攻击佛教，不过角度有点变了。败坏中国的不是我佛，而是和尚；释迦救中国的唯一办法是“先把秃驴杀尽”。用某罗汉的话来说，“灭释教的是僧，灭孔教的偏偏又是儒，灭君道的偏偏又是忠臣”。避开佛理，而攻击误解、歪曲佛教基本精神的僧人，这已经不算真正的“破佛”了，说不定还是言辞偏激的佛教的“诤友”呢！

《梵网经》云：“如狮子身中虫自食狮子肉，非余外虫。如是，佛子自破佛法，非外道天魔能破。”对此等“自破佛法”的“佛子”的攻击，可能来自儒生、道士，也可能来自居士乃至佛门弟子，曼殊上人不就猛烈抨击过“驰情于供养，役形于利衰”的佛门败类吗？纪昀《阅微草堂笔记》卷十七《姑妄听之》（三）中引了一句很有意思的话：“吾平生信佛不信僧，信圣贤不信道学。”此语可作彭俞对僧、儒乃至忠臣的攻击的绝妙注解。

如此看来，当年汲汲于“破佛”的彭君，十年后居然披剃出家，也不是完全不可理解。据说彭俞之当和尚，很大原因是穷愁潦倒生活无着。不过皈依我佛而不是某一位僧人，这在他看来还是可以接受的。起码他可以不做那灭佛的和尚，而按自己的理解做个真正护法的僧人。至于其言谈举止，是否得佛学的精髓，那可就非我等所能评判的了。

君尊韩，何来方外之友——《剑腥录》

林纾最为人称道的，是翻译出版了英、美、法、德、俄、日等十一个国家九十八位作家的一百六十三部作品，为中国人借鉴西方小说开辟了新路。此外，林纾的文集、诗集、传奇、笔记、小说也颇有可取者；这其中《剑腥录》的呼声最高。按理说，古文名家应该以古文传世；只是“五四”以后古文一落千丈，林老先生呕心沥血作出来的《畏庐文集》一、二、三集不大为人提及，倒是那以古文笔法做小说的尝试，还为胡适、郑振铎等新文学家所肯定。至于郑振铎赞扬《剑腥录》“尤足供给讲近代史者以参考的资料”（《林琴南先生》），周作人指出“他写的虽然简略，却能抉出这次国民运动的真相来了”（《读〈京华碧血录〉》），乃至阿英50年代的“腰斩”《剑腥录》，实际上都是看中它比较详细地描摹了庚子事变中京城的惨况以及义和团的举动。这并没有误解林纾的创作意图，在小说第三十九章中他就曾声明：“须知鄙人之为此书，非为言情而设，顾不得仲光夫妇，亦无以贯串而成文。或且异时修史，得资以为料，则乱之所自生，与祸之未全弭，系属何人，有史识者固能辨之。”从“补史之阙”的角度来谈论《剑腥录》无疑是正确的；可我想从文人与和尚交谊这一特殊角度来解读，也许更有趣。

《剑腥录》，文言长篇小说，共五十三章，1913 年由北京都门印刷局出版，封面题为冷红生著《庚辛剑腥录》，书前有作者《自序》。1923 年商务印书馆重版时，易名为《京华碧血录》。1959 年阿英将其收入《庚子事变文学集》，截取中间第十九至四十三章，另编章节，并删去《自序》。1987 年四川人民出版社出版《林纾选集》，“小说卷下”收入《剑腥录》，并做注释。

《剑腥录》以邴仲光得古剑，从福州开化寺少林弟子癯师学艺始，以杭州祖塔院斸师授仲光剑谱，并说法、圆寂终，也算跟佛教有缘。只是小说颇有自叙传色彩，而林纾本人是以“真儒”自居，何以也玩起佛教来？难怪小说第七章太守大惑不解：“仲光平日尊韩，韩辟浮屠”，“何由有方外之友”？说穿了一点也不奇怪，仲光跟和尚学剑而非学佛。拳术、剑术，实与我佛无关，只不过历代僧人颇有长于此道者，弄得后世谈起和尚来，似乎习静念佛倒在其次，弄刀弄棒才是看家本领，真是天大的误解。僧而侠，这是明清笔记小说中常见的题材。王士祯《池北偶谈》中的《女侠》、浩歌子《萤窗异草》中的《辽东客》，以至林纾本人《技击余闻》中的《浮水僧》《祖塔院石桃》，都是赞赏僧尼的武术功夫及侠义

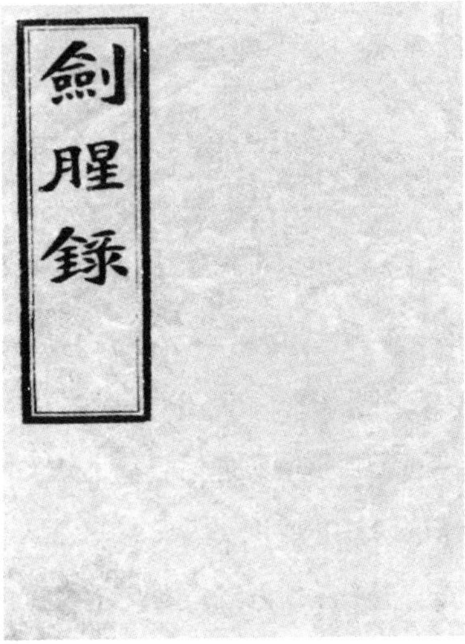

《剑腥录》封面

心肠的。《剑腥录》虽让鬬师圆寂前说法，可也不过抄两段《坛经》中的名句，没什么稀奇。就像当今电影中常见的念两句“阿弥陀佛”然后开打的和尚，实跟佛教没多大关系，更谈不上靠他们弘扬佛法。

林纾死前不久有诗云：“学非孔孟均邪说，语近韩欧始国文。”既如此，护儒辟佛也该是他的神圣使命。不幸的是，林纾偶尔也要玩玩佛教。除了《剑腥录》外，1905年为《洪罕女郎传》作序，也卖弄了半天佛学，并以居士自称。恕我直言，林老先生实与佛学无缘。谈点剑僧之类还可以，要谈佛学可就勉为其难了。

林纾写过《韩柳文研究法》，对这两位唐代的古文大师推崇备至。可一旦比较韩、柳的思想志趣，则对柳宗元的近佛颇有微词。“柳子厚文几抚昌黎之席，然其《送文畅序》则与昌黎大异。昌黎斥僧徒如禽兽，贬佛法为夷狄。子厚则曰：‘王城雄都，宜有大士。’又曰：‘勤求秘宝，作礼大圣。’则礼僧徒为大士，去禽兽远矣；尊佛氏为大圣，去夷狄又远矣。”从柳开、欧阳修起，历代文人比较韩、柳，喜欢在斥佛、学佛上做文章。正统儒生扬韩而抑柳，习佛者则扬柳而抑韩。其实韩、柳都是援佛入儒，虽说程度有差别，却并非后世文人设想的那么水火不相容。柳宗元学佛但不失儒生本色，这大概是不言而喻的；至于辟佛的韩愈颇多方外之友，这也不算什么秘密，文集中多有与僧侣酬答的诗文。韩愈因谏迎佛骨被贬潮州，除了祭鳄鱼外，最广为人知的雅事就是与大颠和尚的交游，至今古城潮州还流传许多韩愈与大颠和尚的故事。韩愈并没掩饰这一段经历，在《与孟尚书书》中有这么一段话：“潮州时，有一老僧号大颠，颇聪明，识道理，远地无可与语者，故自山召至州郭，留十数日，实能外形骸，以理自胜，不为事物侵乱。”这与柳宗元的读佛经交方外之友实无根本性的区别。

尽管如此，后人为了旗帜鲜明，讲韩愈时常常只讲他的辟佛，这才有《剑腥录》中“君尊韩何来方外之友”这样少见多怪的惊叹。其实，文人读点佛经，交些方外之友，未见得就真的成了佛门弟子。倘若林纾真的认真读点佛经，或许还圆通些，超脱些，不至于晚年恓恓惶惶，卫道心切，成了“五四”新文化运动的绊脚石。不过，由“圆通”变为“圆滑”，由“超脱”转为“虚无”，那可就失却林纾“木强多怒”，正直而略带迂腐的个性特点。也许，林纾还是不学佛好。不学佛而要妄谈佛，那可就是时代风气使然的了。

得观佛书心始安

——《小说丛刊》《倦云忆语》

南社多诗僧，除粤僧铁禅、湘僧永光，以及半僧半俗的苏曼殊外，还有后来半路出家成为一代高僧的李叔同。此外，南社还有一些学佛而未出家的居士，程善之即其一。

程善之，名庆余，安徽歙县人，约生于1880年。“二十负奇气，目空一世人”，三十岁后则皈依禅悦，结束风华，任教扬州，1942年病逝。程氏留下的著作中，最值得注意的是《小说丛刊》和《倦云忆语》两种。

《小说丛刊》为文言短篇小说集，1914年由江南印刷厂出版，共收小说十八篇，前有王钝根序。程氏小说主要特点，一是多采用第一人称叙事，二是多采用横断面结构方式。前者中国古代文言小说中不乏先例，后者则明显受西洋小说影响。如《可怜虫》《热心》《死声》等小说，其中场面的客观描写或人物心理的开掘，放在“五四”小说中也毫无愧色。

《倦云忆语》是作者的“自祭之文”“自忏之偈”，类乎沈复的《浮生六记》。全书共分“趋庭”“坠欢”“师友”“杂记”“梦幻”五章，记录自己有生三十三年的生活经历及师友情谊，其中录师友如王无生、刘申叔逸闻部分有史料价值，而记家庭之乐、夫妇之爱部分则更有文学色彩。作者文字洗练简古，没有林纾的庙堂气，也没有徐枕亚的脂粉气，值得一读。此书作于1912年，曾刊于《中华民报》，后印成小册子发行，1930年胡寄尘将其重新标点，收入上海广益书局出版的“文艺小丛书”第一辑中。重印本前有柳亚子题诗一首，诗云：“《浮生六记》沈三白，后有作者程倦云。多谢胡君能拂拭，人间始识此奇文。”

我对这两本书感兴趣，一方面是小说的艺术价值，另一方面则是禅悦之士的心理过程。《倦云忆语》中颇多师友学佛学道的记载，而“坠欢”一章更有如下描述：

> 先君家法极严，儿孙辈无事，不得外出一步。余年十六，以应试归，宿业师家，始得出入自如。继窃取《红楼梦》《金瓶梅》诸书，颇涉冥想。是以嗜欲、好恶、疾病、悲欢相攻伐者十余年。年近三十，得佛氏《天台》《止观》诸书观之，稍稍宁帖。未来之境，或可自保；已往之事，丝缕牵心，耳鼓眼帘，迢迢隐隐，正不知何日解脱也！

清末民初，文人读佛经、谈佛经的颇多，不过立足点不大一致，有着眼于救世济民的，也有着眼于守静去欲的。程君得读佛书，骚动不安的心灵才“稍稍宁帖”，这自然是从个人安身立命的角度接近佛教，也就是说，从如何建立比较健康合理的生活态度来理解佛学。是否获得佛学真义，我不敢妄指；可历代读佛的文人大都心胸比较开阔旷达，于逆境中颇能自我解脱。最典型的例子自然是苏东坡。吴处厚《青箱杂记》比较白居易“无事日月长，不羁天地宽”与孟郊“出门即有事，谁谓天地宽”所体现出来的两种不同心态，即是从此着眼。“五四”诗人刘大白患肺病二十余年而不早逝，据他自称，是因为他读佛经，能超脱，不着相，不怕死。世界永远是不完善的，生活中每时每刻都可能遇到不愉快的事，如何克服烦恼，保持人生的乐趣，也就是说，如何进行心理的自我调节，保持平和、乐观的心境，很多文人是从这个角度来读佛经的。至于地狱天堂、因果报应，乃至四圣谛十二因缘，很可能都不甚了了，也不想深究。难怪弗洛姆在跟铃木大拙对话后得出这么一个奇特的结论：“禅学”和心理分析一样，其目的都是消除心理所承受的压抑和忧虑，使其保持泰然状态。

这样来谈佛教，显然是虔诚的佛教徒所不能容忍的。这也正是居士较之和尚灵活的地方——不一定接受所有的教义和教规。程善之之学佛，不无这种意味。起码《小说丛刊》中《自杀》一篇，就于弘扬佛教中略带嘲讽色彩，尽管作者不一定自觉意识到。

小说以第一人称口吻诉说自杀前的心理状态。“余家资在中人以上，父母俱全，兄弟和睦，妻贤子孝，女柔顺，凡人生所需之乐境，天幸全以畀余，余无遗憾焉，然而余愿一死。”起因是余杀恶狸，师授以显微镜，见狸血肉如我血肉，以后一闻荤味，“即若有血腥惨淡之游魂绕汤而泣者”，只好茹素终生。到此为止，还是道地的宣传佛教护生思想的作品；继续写下去可就不同了。余于显微镜下见出一滴水中有万千生灵，即使饮水也是杀生。至于欲洁何曾洁，空中、水中，何处不是秽浊恶臭？要想守住一点良心，要想“无悲无喜无怨无恶无秽无净”，只有“投入此滔滔东去之长流水中”。起码佛教是反对自杀的，可作者把佛家护生的理想推到极端，竟得出必须以自杀来护生的荒谬结论，可见作者对佛家学说并不十分恭敬，居然还有开点小玩笑的勇气。

文人读佛经，可能促使其文思泉涌，也可能断送其文学生涯。程善之皈依禅悦而抛弃写作，并不出人意外。中国历史上颇多诗僧，可更多慎守绮语戒的僧人；至于高僧大德，更少吟诗作文的。据说八指头陀不信不能既是高僧又是诗僧，可到头来还是表示“不贪成佛生天果，但愿人间有好诗”。弘一法师则披剃后不再从事任何文学活动，而只保留能广结善缘的书写佛号。两人中我更尊敬弘一法师，也许是因其活得更认真，在家时像个真正的俗人，出家时像个真正的僧人。除了佛教戒律限制外，倘若学道有成，真的超然物外清净无为，很可能对诗文不会格外感兴趣，也没有多少创作的激情——这毕竟是两种不同的生活态度和情感方式。

人间需要高僧，也需要好诗，没必要分彼此高下。只是朦胧觉得，文人读佛经似乎有个不大好把握的“度”，过了这个“度”，成为纯粹的佛门弟子，很可能就再也不愿也再也无法“逞才使气卖弄文墨”了。别人不知道，程善之之因禅悦而告别文坛，还是有点可惜的。

死也爱也，孰为究竟 ——《绛纱记》

说来有趣，俗人写僧尼，总喜欢谈点佛理；而和尚写僧尼，反倒注重世俗人情。苏曼殊的《断鸿零雁记》《绛纱记》《非梦记》三篇小说，写了八个青年男女的皈依我佛，可几乎没有一句说及佛教义理。在苏著小说中，《断鸿零雁记》写作时间最早，篇幅最长，艺术上最成熟，影响也最大（1924 年由梁社乾译成英文在商务印书馆出版），可算是代表作。可我却想谈谈《绛纱记》，只因此篇初刊 1915 年《甲寅杂志》一卷七号时，附有章士钊和陈独秀的序。两位好友关于小说主题的阐发，对我们理解苏曼殊笔下僧尼形象大有帮助。

小说中四对青年男女，除另攀高枝的卢氏姑娘可能活得挺自在外，余者全是伤心人。其中霏玉自裁，玉鸾之未婚夫被杀，五姑病逝，梦珠坐化；残留世间的昙鸾、秋云、玉鸾，则全都“独卧青灯古佛旁”。为何如此“凄凄惨惨戚戚”？还不是为了爱！要是没有爱，也就不会有这么多人间悲剧。四圣谛之一“苦谛”中不就有“爱别离苦”一项？由此引申开去，不难发挥一通佛学大义。可苏曼殊就此打住。只管诉说“方外之人亦有难言之恫”，而忘了如何弘扬佛法，客观效果必然是让人叹惜有情人不成眷属，而不是领悟“四大皆空”。

并非一时疏忽，作者似乎是有意把宗教世俗化。三篇小说八个出家人，全都并非悟出死生大道，而是因情场失意而削发为僧。这就难怪章、陈二君为《绛纱记》作序，也都不谈佛理只讲人事。

章士钊先引一段王尔德小说中女伶殉情的故事，然后赞曰：“余读之，窃叹女伶之为人生解人。彼已知人生之真，使不得即，不死何待？是固不论不得即者之为何境也。吾友何靡施之死，死于是；昙鸾之友薛梦珠之坐化，化于是；罗霏玉之自裁，裁于是。昙鸾曰‘为情之正’，诚哉正也！”把一个和尚的坐化和两个俗人的殉情相提并论，不亦怪哉！无独有偶，陈独秀作序也谈王尔德，不过引的是《萨乐美》，照样是殉情的故事。陈独秀更直接把这爱情至上主义与佛陀说教做比较：同样都是面对“死”与“爱”这“人生最难解之问题”。“死也爱也，果孰为究竟也耶？”在陈独秀看来，“爱”是更为根本性的问题，因为“爱情者，生活之本源也”。说此义为麦五姑、薛梦珠、罗霏玉所知这不为怪，说此义合于基督教也可以理解，说此义“无悖于佛”可就有点儿莫名其妙了。只能说是无悖于苏曼殊、陈独秀所理解的佛教。

有一点陈独秀看得很准，“梦珠方了彻生死大事，宜脱然无所顾恋矣，然半角绛纱，犹见于灰烬”，可见坐化者仍不能忘情。绛纱为女友秋云所赠，虽说披剃出家，云游四方，甚至装疯卖傻，自称不知秋云为何许人也，俨然学道有成，六根清净；可坐化时“襟间露绛纱半角”，足见梦珠心如槁木处，正是情最深处。陈、章二友将其比之于王尔德的戏剧、小说，从爱情至上的角度来解读，可谓知音。

陈独秀说得对，《绛纱记》中人物，或存或殁，“而肉薄夫死与爱也各造其极”。只是这种“爱”，不同于《老残游记二集》中逸云和《劫余灰》中妙悟所说的广博的“爱”，而只限于男女之情。这显然远离佛学精义，而更接近于近代人文主义。胡适批评其“全是兽性的肉欲”（《答钱玄同》），其实正说到小说的好处。曼殊上人没把和尚写成超凡绝俗，不食人间烟火，正是他的高明之处，不该把《绛纱记》混同于一般借僧尼打情骂俏的轻浮之作。了解曼殊的身世遭遇，就不难明白他是借小说表达自己复杂的感情，剖白自己矛盾的心迹。虽有些夸张乃至造作，但总的来说是真诚的。

《断鸿零雁记》用第一人称叙事，叙事人三郎的身世与苏曼殊本人极为相似，可作作家自叙传读。至于30年代有人作苏曼殊年谱，多据此小说，那可就未免太过分了。曼殊有“即兴表演”并创造、渲染传奇式生涯的爱好，他所述说的艳遇不可不信，但也不可全信，更何况是小说。《绛纱记》中的叙事人昙鸾即作者自己（小说初次发表时作者署名昙鸾），而那坐化时犹带半角绛纱的梦珠，其行事亦多与作者相类。陈独秀称此为“庄周梦蝴蝶，蝴蝶化庄周，予亦不暇别其名实”。其实也无法“别其名实”，作者化身成两个和尚：一悟出死生大事，坐化无量寺；一依旧托钵云游，冷眼看世界。以和尚之眼观和尚，以自我观自我，当然别有深意。不见得认同于勘不破情关的梦珠，也不见得认同于正“好自修持”的昙鸾，作者似乎拿不定主意。陈独秀说得好：“予盖以为尔时人智尚浅，与其强信而自蔽，不若怀疑以俟明。昙鸾此书，殆亦怀疑之义欤？”正是这种“人间不能没有爱，也不能有爱”的宗教式爱情观，披露了苏曼殊内心深处的矛盾与困惑。作为一个深受西方个性解放思想影响的知识分子，他追求真正的爱情，没有爱情，生命就丧失了意义；可作为一个真诚的佛教徒，他又要求严格禁欲，因为“爱为秽海，众恶归焉”。把苏曼殊理解为披着袈裟的革命和尚，或者不守教规戒律的风流和尚，都降低了苏曼殊作为近代僧人—近代知识分子的典型意义，也降低了《绛纱记》等小说作为近代僧人—近代知识分子心迹解剖的独特价值。

“五四”作家对苏曼殊颇多好感。比如钱玄同就认为：“曼殊上人思想高洁，所为小说，描写人生真处，足为新文学之始基乎。”（《致陈独秀》）陶晶孙则称：“曼殊的文艺，跳了一个大的间隔，接上创造社罗曼主义运动。”（《急忙谈几句曼殊》）不过我最欣赏的还是郁达夫那句话：“他的浪漫气质，由这一种浪漫气质而来的行动风度，比他的一切都要好。”（《杂评苏曼殊的作品》）实际上当时人、后来人对苏曼殊的激赏，确实是大大超出其诗文书画之外。一个是古老东方佛教的投影，一个是近代西方人文主义的投影，两者居然重合在曼殊身上；而在《绛纱记》中，两者又共同肉搏死与爱这人生最大的困惑，这就不能不令人对这篇奇特的小说格外感兴趣。至于“死也爱也，孰为究竟”，曼殊似乎没在佛陀或西哲那里找到满意的答案。何止曼殊，过去、现在、未来，多少痴情者，“上穷碧落下黄泉”，为的正是寻找那也许永远也找不到的答案。

〈 域外旧籍觅新话 〉

重提两部早该遗忘的小说论
——读《小说法程》《小说的研究》

跟在美国学文学的朋友谈起美国小说理论家布利斯·佩里（Bliss Perry）和克莱顿·汉密尔顿（Clayton Hamilton），都说没听说过。这一点也不奇怪。八十年前的“古人”了，倘若没有什么理论建树，在这学说迭起的时代，早该被人遗忘了。或许，人们从弗吉尼亚·伍尔芙的《评〈小说解剖学〉》中，可以知道一点汉密尔顿，那个小说领域中“十足的冒牌行家”。伍尔芙未免刻薄了些，汉密尔顿的小说理论专著虽非传世之作，可他对列夫·托尔斯泰等小说家的研究成果，还是被收录在《二十世纪文学批评》（Gale Research Company，1982）中。说来奇怪，正是这早被西方学术界遗忘的佩里和汉密尔顿，引导中国小说理论发展达半个多世纪。甚至直到今天，我们仍能或明或暗地感受到佩里的《小说的研究》（*A Study of Prose Fiction*, 1902）和汉密尔顿的《小说艺术指南》（*A Manual of the Art of Fiction*, 1908）的潜在影响。

1903年，麦孟华说过，“往往有甲国最著名之小说，译入乙国，殊不能觉其妙”（《小说丛话》）。可他忘了添一句：“往往有甲国不著名之著作，译入乙国，反能觉其妙。”在文化交流中，这种令人啼笑皆非的例子实在太多了。当然也没必要遗憾，不同文化背景的民族本来就可能有不同的文化需求。有趣的是，探讨这种文化需求如何限制了我们对西方小说理论的接受，而这种“接受”反过来又如何影响了我们自身理论思维的发展。

一

1918年，周作人在北大文科研究所小说研究会上，作题为“日本近三十年小说之发达”的演讲，把当时中国的小说界，比之于明治十七、十八年的日本文坛，“目下所缺第一切要的书，就是一部讲小说是什么东西的《小说神髓》”。此后二十年，中国出版了大约十五部“讲小说是什么东西”的理论著作，可就是没有一种像日本坪内逍遥的《小说神髓》那样震撼整个文坛，并为现代小说理论发展奠定牢固的根基的。以郁达夫的创作经验，以茅盾的理论修养，其小说论著尚且平平，余者可想而知。还不是以今天的理论水平来衡量，即使在当年，这些著作也没有引起多大反响。原因可以找出一大堆，不过我想最主要的，可能是几乎所有的小说论著都在西方师傅阴影的笼罩下（茅盾的《小说研究ABC》有些自己的见解）。二三十年代，中国的小说理论著作多依据西方，这本不奇怪；可那么多学者依据的都是这么两本书，而且还有不知趣的先生把这两本书译成中文，这就使得师傅的阴影显得分外浓重。幸亏读者宽厚，还没见有人指控哪一部小说理论著作是“抄袭”。本文之所以花笔墨清理师徒关系，并非“纠缠历史旧账”或者想拆穿谁的“西洋镜”，而是借此勾勒现代中国小说理论发展的一个侧面。

胡适的《论短篇小说》，在“五四”时代颇负盛名，可后来有人指出他的短篇小说定义跟汉密尔顿的差不多（李菊休《现代小说研究》第二章）；瞿世英的《小说的研究》，是“五四”时期理论色彩较强的小说专论，但基本上是根据佩里的《小说的研究》前几章编译的。其实，何止胡适、瞿世英，绝大部分现代中国小说理论家都大大得益于汉密尔顿的《小说艺术指南》和佩里的《小说的研究》。二三十年代学者著书立说，喜欢开列外文参考书目，以示学识渊博，言之有据。茅盾的《小说研究ABC》列了三十种，陈穆如的《小说原理》列了二十七种，郁达夫的《小说论》列了十五种，赵景深的《小说原理》少点，只列了六种。而在这些外文参考书中，《小说艺术指南》和《小说的研究》几乎是必不可少的。细读其文，确实也都大体取自这两部书。郁达夫的《小说论》最典型，其中论布局、人物、背景三章，完全是用这两本书摘译剪辑而成。

表面上也有例外的，如孙俍工的《小说作法讲义》谈短篇小说，主要引述厨川白村的《近代文学十讲》第七章；李何林的《小说概论》则注明主要参考木村毅的《小说研究十六讲》。可《近代文学十讲》第七章基本来自《小说艺术指南》，而《小说研究十六讲》则自称第四至第十五讲取自《小说艺术指南》，第十六讲取自《小说的研究》。可以毫不夸张地说，二三十年代中国谈小说理论的，几乎没有人不受这两本美国小说理论著作的影响。

1924年，商务印书馆出版由华林一翻译、吴宓校订的《小说艺术指南》。中译本改题《小说法程》，共十二章，一百九十五页，前有马太斯原序和吴宓的序。第二年，商务印书馆又推出汤澄波翻译的《小说的研究》，列为"文学丛书"之一，中译本共十三章，二百八十八页，书前附有节译的著者原序。前者用文言翻译，好些地方不尽如人意（如把作为文类的"小说"译为"稗史"），但译者态度认真，对那些生疏的术语、人名加注解，以小号字排入正文中。后者虽是译成白话，可极不通畅，经常不知所云。尽管如此，这两种译本的出版，对普及西方小说理论还是大有裨益。此后撰写小说理论文章的，更是开口"Hamilton"，闭口"Perry"的，再也弄不清是参考英文原著，还是阅读中文译本，抑或是转抄自第三、第四手的介绍文章。不过有一点是确定无疑的：这两本书的好多观点已经"深入人心"。相形之下，另外两种小说理论译作——张志澄编译的《短篇小说作法研究》（商务印书馆，1928年）

和韩德生著、宋桂煌译的《小说的研究》(上海光华书局，1930年)——可就过于寒碜了，几乎不曾对中国小说理论发展产生任何影响。

二

并非《小说法程》和《小说的研究》所论述的每个问题，都对中国学术界产生影响。讲“现实主义”，讲“浪漫主义”，中国学者早有耳闻；讲“文笔”，讲“强调手法”，那更是中国古典小说批评的拿手好戏；而讲“现代美国小说之趋向”，又实在非中国学者所能深究。真正影响中国小说理论发展的，是小说三分法、小说视角理论以及短篇小说特点这三者。

中国古代小说批评家以古文家眼光读小说，而“五四”批评家则接受另一系统的理论语言，撇开“文气”“笔法”等传统的小说批评术语，从人物塑造、情节演述和背景描绘的角度来评价小说。《小说艺术指南》和《小说的研究》还只是把“情节”“人物”“背景”作为重要课题列专章研究；而到了郁达夫的《小说论》和茅盾的《小说研究ABC》那里，除了小说起源、发展等史的叙述，讲形式技巧就只剩下这“情节”、“人物”和“背景”了。

对中国小说批评家影响最大的，还不是这种三分法本身，而是由此引申出来的小说的三种结构方式。《小说的研究》和《小说艺术指南》都引录了 R. L. 斯蒂文森论述小说有三种作法的名言：第一种，先定情节，再去找人物；第二种，先有人物，再去找符合人物性格的事件；第三种，先构想背景，再找人物和事件。“五四”小说批评家对这段话以及佩里、汉密尔顿的引申发挥特感兴趣，经常在文章中转述。因为它证实了“五四”作家的艺术直觉：小说不一定要讲故事，不一定要有高潮有结局，不一定要布局离奇曲折动人，一句话，不一定以情节为结构中心。

当然，在具体作品中，情节、人物、背景并非如油水那么容易分离。阿 Q 的画圆圈、祥林嫂的捐门槛，应该判归“人物”还是“情节”？大概没人愿当这个“法官”。并非设计没有情节、背景的纯人物小说，或者没有情节、人物的纯背景小说，而是强调作家构思时可以以三者中之一为结构中心，其余两者作为陪衬。这一理论对当时的创作产生了直接影响，促使中国小说突破以情节为结构中心的传统模式，从而引起一系列“翻天覆地”的变化。如果说在这中间，中国小说批评家（理论家）有什么“建树”的话，那就是在论述以人物为结构中心时突出“心理描写”，而在论述以背景为结构中心时突出“地方色彩”。

中国古代小说批评家不讲叙事角度，虽有个别“‘看时’二字妙，是李小二眼中事”（金圣叹）、“从黛玉眼中写三人”（脂砚斋）之类的点评，但只是作为偶一用之以增加笔势摇曳的“文法”。

1921年，由梁实秋等七人组成的清华小说研究社，在《短篇小说作法》一书中，首次提出“观察点”的问题。作家“在决定自身之视域以后，才好下笔”；“既已决定一种观察点，此后自然应该把同一的态度贯彻全篇”。据梁实秋执笔的《序言》，此书主要借鉴外国小说理论著作，可因没注明出处，实在难以追根溯源。此书把“观察点”分为第三身称、第一身称、书札体、日记体、混合体五种，分类颇为混乱，且没做详细分析。

二年后《小说法程》中译本出版，其中第七章专论叙事角度。汉密尔顿把叙事角度分为内视点（第一人称）、外视点（第三人称），“内视点”包括“由主要人物叙述”、“由次要人物叙述”、“若干人物叙述”和“书信体”四类，“外视点”则包括“无限制之述法”、“有限制之述法”和“极严密之述法”三种。每种叙事角度都有详细的界定、例证和优劣评介，大体还算公允、清晰。

两种视角理论，汉密尔顿的说法无疑较为科学，尽管今天看来难免显得粗糙幼稚。此后中国谈叙事角度的，大都采用汉密尔顿的理论，只不过术语略有变更，如夏丏尊、赵景深、陈穆如等。不过，二三十年代中国小说理论家谈视角，喜欢在日记体、书信体、主角叙事、配角叙事这些枝节问题上做文章，而对更为关键的如何限制视域以及如何发挥每一种叙事角度独有的美学功能，则很少涉及。至于把视角理论运用到当代作品的批评上，促进小说家视角意识的形成的，除了夏丏尊的《论记叙文中作者的地位并评现今小说界的文字》，几乎可以说没有。

二三十年代中国小说家的创作，更多得益于外国小说，而不是外国小说理论。不过，那么多作家力图突破全知叙事的陈规，这里面确实体现出某种或清晰或朦胧的视角意识。而这，跟汉密尔顿的论述以及中国小说理论家的引申发挥不无关系。

关于短篇小说的论述，是《小说的研究》和《小说艺术指南》中较为精彩的部分。佩里之论短篇小说，屡为汉密尔顿所引述；而汉密尔顿的短篇小说定义，初刊1904年《学者》杂志，后刊1906年《读者》杂志，收入《小说艺术指南》后，“各书凡论短篇小说，几皆引是书定义”（作者原注）。佩里认为，短篇小说“所对待的，不是全体，而是片段”。“也许是一个面貌，一个喜乐的态度，一件悲惨的事情的意笔画”；“也许是可爱的梦境，也许是凶噩的梦魔，也许是一篇像音乐般令我们缠绵不舍的文字”。汉密尔顿的短篇小说定义则是：“以最经济之法，最能动人之力，使发生独一之叙事文感应。”

今天的读者当然不会觉得这两段话有什么了不起，可“五四”时代的读者，却颇有为这两段话所倾倒的。当胡适综合两家之言，为短篇小说下定义时，确实震撼了整个文学界。有趣的是，中国作家和学者对“最经济之法”和“单一的叙事效果”之类不大关心，而感兴趣于“横断面”的提法。因为中国不缺笔墨精练而又情调单纯的短小的“小说”，缺的是截取“事实中最精彩的一段或一方面”

的“短篇小说”。此后论短篇小说的，几乎都从“片段”这个角度入手，“横断面”理论因此成了中国现代短篇小说发展的主要支柱，直到今天还经常被引述。针对中国实际，中国小说理论家主要论述长篇小说缩写式的“短篇故事”与借一斑窥全豹的“短篇小说”的区别，如郑振铎就曾形象地把前者比喻为“缩小的地图”，可以随时放大；而把后者比喻为“短小而完美的山水画”，不能再添笔减笔（《〈中国短篇小说集〉序》）。

小说要素三分法、叙事角度理论以及短篇小说特点，可以说是这几十年来中国小说理论界比较关注的三大问题。而这三个问题的提出，又都跟《小说艺术指南》和《小说的研究》密切相关，这就不得不令人对这两部早已过时的著作刮目相看了。

三

八十年前的著作了，要挑毛病那还不容易？可我只想从现代中国小说理论发展的角度，思考评介这两部著作留下的“后遗症”。

当年中国人看中这两部著作，大概是因其对小说问题的论述比较系统。中国古代有小说批评，有小说研究，但基本上没有小说原理的专论。20 世纪初，中国文学界在接受西方小说的同时，借鉴西方小说理论，写作了《小说原理》（夏曾佑）、《余之小说观》

（徐念慈）、《说小说》（管达如）、《小说丛话》（成之）等一批初具规模的小说通论。此后，居然出现一些讲授小说作法的课程乃至"专门学校"，其中不乏专门骗钱的，但也因此可见中国人急切需要"讲小说是什么东西"的著作。不求高深的专门研究，只要能比较全面地介绍西方小说理论就行了。这么一来，最合适的自然是教科书。更何况教科书毕竟容易阅读容易理解。

曾经留学哈佛的吴宓，指认汉密尔顿的《小说艺术指南》为哈佛大学教科书；佩里的《小说的研究》第一章谈及对各年级学生的不同要求，当亦是教科书一类。教科书有其长处：条分缕析，论述全面，观点稳妥。可教科书也有其难于避免的短处：平面罗列，烦琐论证，缺乏创造性。要论普及知识，教科书功劳甚大；要说理论探讨，教科书却收效甚微。不幸的是，中国人把西方小说教科书当理论专著来接受、模仿，不断写作教科书式的小说理论专著。

二三十年代的小说理论著作，好多本身就是教师授课的讲义。孙俍工的《小说作法讲义》，是作者任教东南大学附属中学时编的"中学国文读本参考书"；李何林的《小说概论》，则是作者在河北省立女子师范学院国文学系教小说课时的教材；李菊休的《现代小说研究》，封面注明"中等学校及师范学校适用"；陈穆如的《小说原理》，则列入"初中学生文库"……这就难怪这些小说专著没有什么理论发现，只是把前人的研究成果整理整理，做些文字润饰，再加点最新例证。

1920年胡适作《〈水浒传〉考证》一文，批评金圣叹那“横云断山”“背面敷粉”等十五种文法为“机械的文评”，是“八股选家的流毒”。此后鲁迅在《谈金圣叹》、林语堂在《〈新的文评〉序》中，也都从八股文法角度批评这种烦琐而僵硬的小说理论。无独有偶，弗吉尼亚·伍尔芙也曾讥笑《小说艺术指南》中那些“强调手法”可以有十一种之多的烦琐论证，是解剖了青蛙而丢失了生命。热衷于把完整的作品做无限细致的分解，以期总结出无数“放之四海而皆准”的小技巧，在一大堆精巧的局部分析中，不自觉地阉割了艺术之为艺术的灵气和整体感。这或许不只是八股选家的通病，而且也是教科书所很难避免的陷阱——不做如此细致的解剖则说不清青蛙的内部结构；而解剖后重新拼合的青蛙又的确不可能是活生生的。就一般教科书而言，有点琐碎，有点僵硬，甚至较多借用同行或前人研究成果，都是在所难免，不必苛求。可如果理论专著也都如此琐碎僵硬，如此因袭旧说，则令人担忧学术发展的前景。我们这几十年小说理论著作出版不少，可没什么大的突破，也许跟研究者没从“教科书”的研究框架下挣脱出来大有关系。很少有人愿意攻其一点不及其余，做精细深入的研究工作，而是忙于构造大同小异的“小说体系”，进行大同小异的“小说分类”，并论述大同小异的“小说技巧”。当然，“类”是越分越细，“技巧”是越说越烦琐，“体系”也越弄越玄乎。可实际上不过在一个平面上不断展开，没什么实质性的进展。

中国现代小说理论，基本上是在西方小说理论的刺激、引导下产生的。这就决定了初期的理论家或则全盘照抄西方，或则输入结论而辅以中国例证。这两种“移植法”，在一定时期内有利于创作和批评的开展，可本身有很大的局限性。上者也不过为某一西方小说理论做精彩的注解，这种理论一旦过时，这种注解也就自然失去意义。下者则难免削足适履，委屈中国小说磨平棱角，以便完全纳入西方小说批评模式中。

作为美国学者，佩里和汉密尔顿只谈欧美小说的发展，多引爱伦·坡和霍桑做例证，这都可以理解。可谈小说理论而完全不考虑东方小说的发展，则不是什么好兆头，起码结论难免偏颇。讲小说起源从《荷马史诗》入手，这在西方学术界颇为流行，还不只是佩里和汉密尔顿的观点。而当中国学者撇开史传文学，苦苦寻觅作为中国小说源头的“史诗”时，则未免有点儿滑稽。汉密尔顿把小说史上“背景”的进化与绘画史上“背景”的进化，比作同步发展的两条线，只有到了18世纪，绘画和小说中的“背景”才得到艺术家们真正的重视，成为审美表现的主要对象。这一说法为不少中国小说理论家所采纳。可实际上，南朝时中国的山水画已颇为发达，而直到19世纪末，中国小说家还很少意识到小说中风景描写的价值，绘画史与小说史并不同步。从西方小说史中概括提炼出来的小说理论，未必能涵盖中国小说，这道理其实很简单。

有小说就有与之相适应的小说读法，中国古代小说理论没有体系化，但不等于一无可取——不只是指其作为文化遗产的价值，而且指其在现代小说理论建设中的作用。用“典型环境典型人物”的理论框架来衡量，中国古典小说批评实在没什么；即使找到只言片语，也已失其大旨。至于注重读者接受的“小说读法”（而不是“小说指南”），注重整体感受的“情调”“趣味”，以及注重诗文的渗透与史传的影响，如此等等，都不无魅力。关键在于“转化”——古老的小说传统在现代文学系统中的创造性转化。否认这一转化的必要性和可能性，那中国的小说理论很难有自己独立的品性，只能满足于永远输入“最新思潮”。

随着西方当代小说理论的大量译介，中国小说理论界有希望打破多年沉寂的局面。但请记住，这种“突破”主要是人家的“突破”，我们不过重新开眼看世界而已。第一步是“接受”，第二步才是“创新”。没有“接受”不应该侈谈“创新”，可已经开始“接受”，就不能忘记“创新”。

这也是我重提半个世纪前的两个译本，以及二三十年代中国小说理论界的经验教训的原因。

附录：二三十年代中国小说理论书目

书　名	作　者	出版单位	出版时间
短篇小说作法	清华小说研究社	清华小说研究社	1921
小说作法讲义	俍工	上海中华书局	1923
小说学讲义	董巽观	上海大新书局	1923
小说学	陈景新	上海泰东图书局	1926
小说论	郁达夫	上海光华书局	1926
小说研究 ABC	玄珠	上海世界书局	1928
小说学大纲	金慧莲	天一书院	1928
小说原理	陈穆如	中华书局	1931
现代小说研究	李菊休	亚细亚书局	1931
小说作法纲要	詹奇	上海神州国光社	1931
小说概论	李何林	北平文化学社	1932
小说作法	汪佩之	上海世界书局	1932
小说原理	赵景深	商务印书馆	1933
小说的研究	贺玉波	上海光华书局	1933
小说作法讲话	石苇	上海光明书局	1934

（原刊《读书》1988 年第 4 期）

小说理论更新的先兆
——读《小说面面观》、《论小说与小说家》和《小说修辞学》

一

倘若出版社为这三部书做广告，我真不知道如何措辞才好。说“实行三包”——包参加作家协会、包作品获奖、包成为万元户——那自然很有诱惑力，只是危险性太大了。这不比街头西瓜摊准能保红保熟保甜，因为买主卖主的味觉往往不大一样。但如果说“能帮助读者更好理解现代小说形式并避免不必要的失误”，则又口号实在不够响亮，经济效益肯定不明显。不过，我还是倾向于采用“低调的宣传”。因为调子定得低些，读后大呼上当的自然也就少些；那些不抱多大希望而来的还可能会惊叹出人意料的好。

倒不是我对这三部书的学术质量有怀疑，而是我猜想尽管很少人公开宣称小说理论没用，但很多人从心里对小说理论不信任。之所以不信任，不是因其对小说理论的作用估计过低，而是过高。习惯了江湖医生的豪言以及电视广告的高调，很容易对小说理论产生不切实际的奢望。一旦这种奢望落空，自然怨恨之情溢于言表，大骂小说理论没用。

自然，小说理论并非点金术。没听说曹雪芹读过什么小说原理，鲁迅传授的创作经验则是不读“小说作法”之类。郁达夫、茅盾各写过一部“小说论”，可跟其创作实在没多大关系，只是祖述西方理论家的说法而已。伍尔芙讥笑对中国作家影响很大的汉密尔顿（Hamilton）是解剖了青蛙，可抓不住生命。何况不少小说理论家连能否准确使用解剖刀都成问题。至今没有材料证明哪一个小说大家是靠哪一本小说理论起家的。这当然十分遗憾。

可这并不等于说小说理论对于作家和读者毫无用处。起码可以使许多并非天才的初学者减少暗中摸索的苦恼，也可使整个民族的鉴赏水平大大提高。曾经“绝对排除那些艺术机械学”的郁达夫，20年代后期也一本正经地撰写《小说论》，据说是有感于青年作者的修养不足，创作能力迅速衰退。对比“五四”前后二三十年的小说创作，不难发现两者在形式技巧上差别很大。除了外国小说的大量译介外，也跟二三十年代出现的十几种小说理论译、著有关。梁启超、吴趼人、林纾等人赞叹不已的“一起之突兀”(倒装叙述),“五四”作家早就习以为常,甚至把它作为一种普通作文技巧向中学生传授。当年中国学者撰写的小说论著大都肤浅,不外变着法子抄外国教科书;可即便如此,其普及西方近代小说技巧的作用还是不可抹杀。

问题是半个多世纪过去了,我们似乎还大体停留在二三十年代的小说理论水平上。一个可悲的事实是,40年代以后甚少小说理论著作问世,不管是译还是著。我们有相当精彩的小说创作谈、小说批评和小说史,可就是没有即便还不怎么精彩的小说理论。不怀疑在小说创作谈、小说批评和小说史中蕴含着新的理论倾向,可没有构成理论形态,就难有大的发展。近几年出版了一些近乎系列创作谈和技巧论之类的小说理论著作,有的颇有新意(如高行健的《现代小说技巧初探》),可大多数却不尽如人意。20年代的情节、人物、背景三分法+50年代的典型环境典型人物+鲁智深与安娜·卡列尼娜+美学+心理学+“三论”+……整个思维框架没改变,理论语言没有更新换代,再加下去恐怕也难有大的突破。

新时期小说家对西方现、当代小说的积极借鉴,使中国的小说理论研究的停滞不前显得更加醒目。常常看见批评家用旧的小说理论语言不着边际地批评作家小说形式创新的尝试。读不懂而又不能不壮着胆子充内行,我想不少批评家会有如履薄冰的感觉。

面对着五花八门真假莫辨的“创新”，未免胆战心惊，唯恐表错态成为千古笑谈，就像当年讥笑《阿Q正传》者如今成了每篇鲁迅小说研究论文的不朽的靶子一样。表面上看，现在文坛上“宽容”多了；可实际上潜伏着一种危机：很多人是拿不定主意因此不敢固执己见。不信，如果有人能从理论上说清莫言或者刘索拉的小说技巧实在一无可取，只是毫无意义的胡闹，保证有很多今天的赞赏者如释重负，马上反戈一击，声称“早就看透”。弄不清当今文坛上那些离奇古怪的小说是否有来头，倘若你所大加抨击的“败笔”，恰好是某诺贝尔奖获得者的拿手好戏，那岂不贻笑大方？

即使从这最保守的防止上当受骗闹笑话的角度出发，我觉得也有必要翻一翻这三部小说理论译作：《小说面面观》、《论小说与小说家》和《小说修辞学》。

二

这三部书立论不同，论证方法也迥异，把它们放在一起阅读很有趣，可把它们放在一起评论则可能吃力不讨好。好在我无意于为这三部书的各个主要论点当裁判——那还是留待读者自己进行更合适——而只是想借此谈些题外话。

《小说面面观》的作者E. M. 福斯特是20世纪英国著名的小说

《小说面面观》，E.M. 福斯特著，花城出版社 1984 年

《论小说与小说家》，弗吉尼亚·伍尔芙著，上海译文出版社 1986 年

家，本书是他在剑桥大学三一学院主持“克拉克讲座”时的演讲稿，主要探讨小说的七个面：故事、人物、情节、幻想、预言、图式与节奏。《论小说与小说家》的作者弗吉尼亚·伍尔芙是20世纪享有盛誉的现代派作家、意识流小说的代表人物之一，这部小说理论著作收论文二十篇。《小说修辞学》作者韦恩·布斯则是美国芝加哥大学教授，这部小说技巧专著共分三部分，外加不可不读的第二版长篇跋文《小说中的修辞与作为修辞的小说》。

一是论文集，一是系列讲演稿，一是作为教科书的专著，这三者之间的差距已经够大了，再加上作家的批评与学者的批评难

广西人民出版社 1987 年

北京大学出版社 1986 年

以避免的隔阂，难怪这三部书读起来口味迥异。伍尔芙的评论新鲜、生动、视野开阔，但有时流于偏激；布斯的论点大都平正、公允，但偏于保守。无论是思维的系统性，还是理论深度、艺术感受力、语言表现风格，福斯特都处在伍尔芙与布斯之间。在《小说的艺术》一文中，伍尔芙曾把小说比喻为一位陷入困境的女士，前来拯救的有两种人：一是拉伯克（可把布斯算在内）那样对女士十分了解却不很亲昵的骑士，一是福斯特（也可包括伍尔芙本人）那样缺乏权威性的知识但能像情人那样娓娓而谈的骑士。在伍尔芙看来，小说女士当然更倾心于后者。我想大部分中国读者也都会同意伍尔芙的意见。因为前者由于体系化带来的笨重庞杂与由于规范化带来的僵硬保守，再加上行文的晦涩、烦琐、学究气，的确很难讨一般读者喜欢。

因此，《小说面面观》和《论小说与小说家》不需要怎么宣传，很快就能进入一般读者的书橱，而《小说修辞学》则可能没那么幸运。

不过，我倒觉得，就目前中国的学术界及创作界的现状而言，更需要的是《小说修辞学》这样不怎么好读但理论色彩稍强的著作。伍尔芙、福斯特的印象式批评更多依据个人的感受和兴味，有很多天才的预言和精辟的见解，但散见于文中，没有很好展开，很容易被读者忽视。读此类著作常常被作者的才华所吸引，为阅读时的乐趣所陶醉，而难得停下来仔细琢磨这些充满睿智和幽默的议论后面所蕴藏的整个理论体系的变革——除非训练有素的专家学者。而《小说修辞学》之类由学者撰写的著作，可能缺少灵气和弹性，也可能由于过分技术化而远离生活和创作实际，但它们在前人大量研究工作的基础上所做的概括归纳和阐述发挥，大体上比较公正可靠。特别是它们对一些基本理论和概念术语的介绍、评价，对于对现代西方小说理论还相当陌生的中国读者来说，更是十分有用的。为了避免理论界几十年来在没有搞清概念的基本内涵的情况下就望文生义地分析评判这一通病，很有必要多翻译、介绍一些基本理论——即使是没有多大创造性的教科书性质的著作。

三

半个多世纪以前，两部外国小说理论专著——克莱顿·汉密尔顿的《小说法程》(《小说艺术指南》) 和布利斯·佩里的《小说的研究》——分别由华林一、汤澄波译成中文后，曾大大刺激了中国作家、批评家探讨小说理论的热情，也确实促成了中国小说理论语言的更换。最明显的一点是，过去讲究“字有字法、句有句法、章有章法、部有部法”(金圣叹《第五才子书施耐庵〈水浒传〉序三》)，如今则开始从人物塑造、情节演述和背景描绘的角度来谈论小说。这小说要素三分法一下子给中国小说批评家打开了一个新的天地，使他们得以在一个新的理论框架中借助新的理论语言来思考、分析、评判。但愿今天的小说理论译介也能起到这种作用。

《小说面面观》等三部书的翻译出版只是一个先兆，表明中国读者开始重新对外国小说理论感兴趣。但真正的大潮还在后面。据我所知，目前已经完成或正在加紧翻译的小说理论著作就有七八部(不包括通俗读物)，而且理论色彩都比较强。随着大量外国小说理论的译介，以及研究者对小说形式的日益重视，可以预计，在不久的将来，中国会出现一个探讨小说理论的热潮。

几乎很难避免，在一定时期内，中国学者撰写的大部分理论文章，很可能只是给介绍进来的西方小说理论做注脚。缩小这种尴尬局面的唯一办法是从一开始就清醒地意识到这种“借桥过路”的局限性，着眼于从中国小说发展实际中总结、推演出新的理论模式——当然这并不意味着为了所谓的民族化而故意把“小说”说成“说小”（并非讽刺林斤澜饶有风趣的著作《小说说小》）。

二三十年代出版的中国学者撰写的小说理论著作，大都借用刚介绍过来的现成理论框架，而只在行文和例证上下功夫，故虽然很是热闹了一阵，却很难说有什么独到的理论建树。似乎没必要重复老路，与其又一窝蜂地出现一批套用新术语的小说理论著作，不如出现一些融会贯通灵活化用新理论的功底扎实的小说史和小说批评著作。

曾跟一个友人聊起，国外的好多优秀的文艺理论著作本身就是文学史著作，作者也是文学史某一方面研究的专家，比如拉伯克对亨利·詹姆斯的研究，伊恩·瓦特对18世纪英国小说的研究，巴赫金对陀思妥耶夫斯基的研究，热奈特对普鲁斯特的研究等。他们从具体的研究对象中发现一些为以前的小说理论所未能解释的东西，因而根据自己的研究推演出一种新的理论模式。而中国的小说史家大都缺乏理论兴趣，不习惯于在研究中发现并培养“理论变异”；小说理论家则满足于预先构想一个黑格尔式的整齐完善的（当然也是大同小异的）理论框架，然后往里面塞古今中外的文学“典故”。至于既是小说史家又是小说理论家的，中国目前似乎还没有。这未免有点可惜。

把西方小说理论翻译介绍到中国来，这只是走了很有意义但也是比较容易的第一步，更要紧的是如何把这些理论模式放到批评研究实践中去考验、修正，并力图促成新的理论模式的诞生。对一千多年的小说历史以及由此形成的中国古典小说的表现特征茫然，对近代以来中外小说的碰撞、融合的经验教训无知，以及对新时期作家的艺术创新的尝试漠不关心，则很难有什么理论突破。而这不可能一蹴而就，需要很多人下苦功努力。

四

当然，在这中间，外国小说理论译著仍然会起很重要的作用。唯其如此，我想就这三部译著谈些有关的技术性问题。

首先，关于原著的选择。不论是译者还是出版社，大概都希望翻译出版最新理论著作，而不大愿意啃半个世纪乃至一两个世纪以前的骨头。可对于读者来说，最新的未必就是最合适的。追赶世界新潮流是好事，可有些东西是难以超越的。补课的工作固然吃力不讨好，但几十年不注意西方小说理论的发展，忽然又想跟最新思潮同步，难免吃夹生饭。一个明显的例子是，这三部书都不止一次地谈到帕西·拉伯克的《小说技巧》(*The Craft of Fiction*)，而此书至今没有中译本。这本小书（小三十二开本，二百七十四页，译成中文不过十几万字）初版于1921年，在西方学术界影响很大，是第一部把叙事角度（视角）作为小说技巧的关键专门论述的著作，此后的叙事学著作都很难绕开它，尽管它的不少观点今天看来已经过时了。二三十年代的译者可能嫌这书太专门化了，不想译；今天的译者又可能嫌这书太老了，也不想译。可对于不懂英语的中国读者来说，缺了这书，对此后小说理论发展的理解就缺了关键的一环。比如说，韦恩·布斯的《小说修辞学》中好多观点是直接对着拉伯克的，单读布斯这部论争性很强的书，很容易造成一种错觉，似乎布斯反对呈现式的现代小说。如果据此再引申出西方视角理论已经过时之类的宏言大论，那可就更离题万里了。因此，我建议译者和出版社不要光盯住最新成果，对那些学术史上有重要意义的著作，即使旧了些，也适当翻译介绍，为读者做点补课工作。

其次，关于译书体例。理论著作最好照录原著所附的参考书目（如三联书店的《文学理论》和陕西师范大学出版社的《二十世纪西方文学理论》），以便读者进一步研究；实在有困难的，起码也得保留原著的注释。像《小说修辞学》这样专门的学术著作，一大堆引文全都不注出处，简直不可思议。该注的地方不注，不该注的地方又大注特注。给每一个在书中出现的外国人名加注，从亚里士多德一直注到托尔斯泰，实在没此必要。我怀疑译者和出版社是否过分低估了读者的知识水平和理解能力。中国人介绍陀思妥耶夫斯基已经半个多世纪了，还有必要在每本书中加注，说明他是“俄国名作家”(《小说面面观》)、“俄国小说家”(《论小说与小说家》) 或 “俄国作家”(《小说修辞学》) 吗？奇怪的是，今天的文学理论译作的“译者注”，比“五四”时期同类著作的“译者注”，数量要多得多。究竟是读者水平下降，不如此加注读不懂，还是译者工作态度认真，不如此加注体现不了其面向大众的苦心？说实话，连托尔斯泰、陀思妥耶夫斯基都没听说过的人，根本就不会来读这样专门的学术著作。除了一些国内没有或很少翻译介绍的作家作品需要加注外，其他译者注尽可取消，这样可以节省不少篇幅。

再次，关于译书的校对。翻译书难读，学术性强的翻译书更难读，如果再加上一大把错别字，那可就真的成天书了。《小说面面观》和《论小说与小说家》两书译文、印刷都不错，读起来轻松多了（当然跟原作文风有关系）。《小说修辞学》的译文不怎么样，不少似通非通的句子，再加错字连篇，真的是不忍卒读。此书扉页录原作书名为“The Rhetor Ci of Ficion”，其中“小说”（Fiction）和“修辞学”（Rhetoric）两个关键词都排错了，只对了“The”和“of”。此书末尾版权页赫然写着“印张插页 2368 千字”，没注明多少印张、多少插页倒也罢了，一本四百七十七页的书怎么可能有两百多万字呢？至于书中的错字、漏字，几乎每页都有。单是第三百五十八页，就可以挑出如下十处错误。第二行“我们既可求以,《伟大的盖茨比》是……”一句中，“求”是多余的，逗号应换成“说”。第九行“……创造出了他吗，抑或创造……呢”一句，“吗”应是“呢”。第十二行“其本身肯定就是真正的艺术家所追的。够”一句，“追”后缺一“求”字，可在第二行找到；可单独一个“够”字，何以能成为独立的句子？第十三行“他在叙述者身上发的了新的复杂性”一句中，前一“的”字该是“现”字之误吧？第十五行“处于这种委决不法下的境况之中，如《螺丝在拧紧》，我们无断定……”一句中，“法”字放错了位置，上下全乱套。第二十行“往往比如在批评讲话中所认识到的更为复杂”一句，多了一“如”字。读这种书苦不堪言，唯一的乐趣是像猜谜一样在同一页书中替“追”追到“求”，替“无”找到“法”，以此锻炼自己的智力。

据说有一家出版社即将出版《小说修辞学》的另一译本，但愿能尽量减少此类不必要的差错，不要过分打击一般读者了解西方小说理论的热情。

（《小说面面观》，爱·摩·福斯特著，苏炳文译，花城出版社 1984 年 12 月第一版；《论小说与小说家》，弗吉尼亚·伍尔芙著，瞿世镜译，上海译文出版社1986年5月第一版;《小说修辞学》，韦恩·布斯著，傅礼军译，广西人民出版社1987年2月第一版。)

(原刊《读书》1988年第1期)

《小说技巧》

在《小说理论更新的先兆》一文中，我曾谈到为了让中国读者了解西方小说理论发展的脉络，而不只是某些具体结论，应该适当翻译介绍一些学术史上有阶段性突破意义而现在又显得有点过时的著作，比如帕西·拉伯克的《小说技巧》。我读的1928年伦敦版《小说技巧》，是由二三十年代颇为活跃的文学家徐祖正赠送给北京图书馆的。可见这书当年不是没人读，只不过对于刚接触西方小说理论的中国人来说，未免艰深了些，因此没人愿意翻译介绍。半个多世纪过去了，当中国人再度对西方小说理论感兴趣时，拉伯克的《小说技巧》早成了博物馆里的“老古董”了。在学术界忙于介绍西方小说理论研究的最新成果时，我则想补补课，也算给《小说技巧》制造一点遥远而渺茫的回音。

如果以被引用频率作为评价一部学术著作标准的话，《小说技巧》无疑是值得自豪的。你可以赞成它，你也可以批评它，但你很难绕开它——只要你研究小说的叙事方式。半个多世纪过去了，

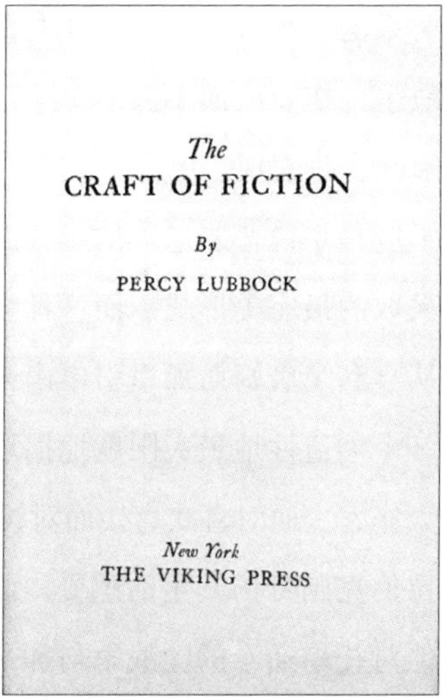

《小说技巧》（*The Craft of Fiction*）原版扉页

多少当年显赫一时的小说理论著作早为人们遗忘了，可《小说技巧》则屡被提及。爱·摩·福斯特的《小说面面观》、韦恩·布斯的《小说修辞学》、兹韦坦·托多罗夫的《叙事作为话语》、热拉尔·热奈特的《叙事话语》等小说理论名著，都把拉伯克作为重要的对话者。至于借用他的视角理论来研究具体作家作品的，那可就不可胜数了。

《小说技巧》共十八章，最关键的是第十七章。“我把视角问题——如何处理叙事人与故事的关系——看作小说技巧中最复杂的方法问题。”作者在这一章中简要论述了处理叙事人与故事关系的三种方法：①叙事人直接面对读者讲故事；②叙事人进入故事，作者藏而不露；③没有任何解释或评述，故事在它特定的瞬间自我表现。尽管承认第三种即戏剧化的方法牺牲了很多东西，不应是小说普遍追求的形式，可拉伯克还是断言此乃小说所可能采取的最完美形式。而这种强调呈现、贬低叙述的观点，无疑是从亨利·詹姆斯那里引申出来的。因此，他高度评价詹姆斯为第一个创造性地最大限度地揭示了小说艺术手法的全部可能性的伟大作家。而对喜欢直接面对读者讲话的萨克雷、巴尔扎克等作家，拉伯克则赞扬其生活感受，而批评其表现手法。最有代表性的是他对托尔斯泰的《战争与和平》的分析。拉伯克认为，托尔斯泰的艺术本能使他多次抑制了叙事人的全知视角，而选择旁观者的眼睛去观察、思考，可他没有把这种偶然的选择贯彻到底。这就造成了这么一种尴尬的局面：有时是托尔斯泰在读者身旁叙述；有时则是安德烈、尼古拉、娜塔莎在读者身旁叙述，而托尔斯泰隐而不见了。这种局面虽无损于作品的伟大，却大大浪费了作者的艺术才华。

这种视角必须一以贯之的理论主张，缺乏必要的弹性，未免显得过于武断，后来的研究者多对此表示不以为然。如福斯特就在《小说面面观》中专门为《战争与和平》辩护，认为其优点正在于“这种扩张与收缩观察力的能力（视角的转变即是其征象之一）”。但在实际分析中拉伯克并非总是如此僵硬，而是承认在必要时可以转换视角，只不过这种转换最好是自然和隐蔽的。比如福楼拜就靠始终把爱玛放在一定距离之外，并保持一种讽刺的暗示，以便在必要时超越爱玛的有限视野而又不引人注目。而且，拉伯克也承认这种“画面法”与“戏剧法”的划分是相对的，很多作家都是同时使用这两种方法。而完全消灭作家本人的声音，让他的人物自己表演的“纯戏剧”，在实际创作中很难成功。相对来说，拉伯克对固定视角——限制叙事人视野的分析更为精彩公正。

也许，关键不在于说明什么是全知视角，什么是限制视角，或者视角分类到底是三种抑或是八种，而在于分析某一叙事方式如何联系着某一特殊的美学效果。《小说技巧》对视角的分类不见得严密精细，可对具体作品叙事效果的分析却颇为精彩。这也是《小说技巧》即使在今天也还有其魅力，还能给读者以启示的重要原因。

（*The Craft of Fiction*, Percy Lubbock, London, 1921）

《小说的兴起》

此书的副标题是“关于笛福、理查逊和菲尔丁的研究”，俨然是一部道地的小说史著作。可在对这三个18世纪英国小说家的解剖中，作者确实又阐发出一套独特的小说史理论，不妨也作小说理论著作读。在谈到西方小说理论与小说史的互相渗透、融合时，我举的例子中就有伊恩·瓦特的这本《小说的兴起》。

这是一部在英美大学中很有影响的经典性著作，其权威性不单建立在对18世纪英国小说的研究，而且建立在关于小说兴起条件的理论构想。正因为如此，西方批评界不只把伊恩·瓦特作为文学史家，而且把他作为文学理论家。兹韦坦·托多罗夫在其《批评的对话》中，就曾专列“现实主义批评”一章，探讨伊恩·瓦特的现实主义理论模式。

在《小说的兴起》中，伊恩·瓦特抓住“个人主义”来谈笛福（第三章）、抓住“爱情”来谈理查逊（第五章）、抓住“小说的史诗理论”来谈菲尔丁（第八章），都不只把握到了这三位作家各自的

《小说的兴起》（*The Rise of The Novel*）封面

风格特征以及各自对小说发展史的贡献，更把握到了长篇小说兴起的一些基本条件。全书十章，最值得注意的还是前三章，其中很多观点颇有启发性，远远超出对具体作家的评介。比如强调笛福和理查逊注重想象和虚构，在文学史上第一次不从神话、史书、传说和以前的作品中吸取情节，据此可把他们与莎士比亚等前辈作家区分开来。这一转变又促成了小说的新趋向：盛行注重个人体验的自传体、日记体等，而这跟哲学中笛卡儿提出“我思故我在”一样，具有很大的挑战性。牛顿、洛克则提供了一种时间进程的新理解，促使作家打破用没有时间的故事来反映没有变化的道德真理的早期文学传统，使长篇小说比其他文学形式更注意在时间进程中人物性格的发展。至于小说与其他文学形式以及以前的“小说”形式的确凿区别在于：不再在文学惯例先天决定的背景下由普通的人物类型来完成类型化的故事，而是注重表现特定个人在特定时间特定场合的特定经验。

伊恩·瓦特强调长篇小说的兴起不单基于文学的内部因素，而且基于各种超乎文学范畴的文化因素，如哲学观念的变化、个人主义思潮之兴起、清教徒的改革带来的新思潮和社会经济现实的变革、都市化、教育之普及、出版事业之发达等。论述精当，材料丰富。当然，这跟整个西方文学史、文化史的研究成果大有关系。注重文学艺术生产方式的改变对文学艺术形式的深刻影响，这是法兰克福学派的重要命题；而文艺复兴以来各种文化因素的变迁，如历年受教育人数以及报刊书籍出版数等，都有专门研究成果可资借鉴。而治中国小说史的学者，即使考虑社会史与小说史的关系，也只能笼统地谈一下社会思潮与经济现实，因受整个文化史研究的限制。

正因为《小说的兴起》研究的实际上不只是几位作家的功过得失，而且是小说发展动力的一般理论，故理论适应性较广。如美国学者哈南（P. D. Hanan）就曾借用其“形式现实主义”的概念来分析中国古典小说（见《早期的中国短篇小说》）；而另一位美国学者普安迪（Andrew H. Plaks）则借用其理论框架来论证

16世纪至18世纪中国长篇小说的兴起（见《中西长篇小说文类之重探》）。对于治中国文学史者，这无疑是一部值得推荐的很有趣味的著作。而对于治西方文学史者，我的介绍当然是多余的。

（*The Rise of The Novel: Studies in Defoe, Richardson and Fielding*, Ian Watt, University of California Press, 1957）

〈 逛书摊 〉

小引

“逛书摊”？这名字不雅。不要说没有“书海遨游”之类有诗意，连“书林漫步”也差一大截。倒还不是“书摊”比“书海”“书林”规模、气派都小，而是后两者纯为精神文化活动，前者则渗入不少商业成分，不免有金钱方面的考虑。只是在我看来，读书人之爱逛书店，跟家庭主妇之爱逛商店，实在没有多大差别，既谈不上高雅，也并非低贱，乃活人生的一点小小的娱乐。至于计较金钱，希望买到价廉物美的商品（书），当然有点“俗气”。可正是这种小小的“操心”，增加了逛书店的乐趣；到了财大气粗，进书店每样来一本时，恐怕反倒索然无味。

至于下一个“逛”字，自然不无嬉戏游玩乃至借以消磨时间的味道。难得浮生半日闲，读书人于书店流连忘返，与孩童之逛公园似乎也无两样。同样花钱“找乐”，当然也都能得到一点“教益”。专逛书店而不买书者当然也有，但肯定很少，且必是穷愁潦倒——偷书贼例外。更多的是一进书店手就痒，难得空手而归。

好歹也买它两本，不枉此行。

逛书摊归来，翻来弄去，还可以品尝两三个钟头，再长的时间可就不敢说了。十天半月甚至三年五载后，还记不记得这书的命运？知不知道这书的大概品格相貌？倘若不能，岂不冤枉了这书？为了装饰房间附庸风雅而买书，这对出版业的发展大有贡献，可对书籍本身却是一种亵渎。买了书而不翻不读，在我总有一种负罪的感觉，就好像请来了朋友而又撇下人家不理。可要读完每本刚买来的书，又实在不必要也不可能。于是想了个折中的办法，强迫自己三几天内，把刚买来的书随便翻翻，获得大概的印象，有兴趣则读下去，没兴趣则为日后的阅读提供“索引”。

要讲读书的效率，真的是“买书不如借书，借书不如抄书”。往往是自家藏书反没时间翻读，倒是容易产生藏书等于读书的错觉——家藏万卷和学富五车毕竟不是一回事。年来颇喜买书，唯恐自己变成业余“图书馆馆员”。于买书、藏书的同时，也时时记下翻书、读书的感受与体会。

“翻书”当然是一种“读书”，不过不曾正襟危坐，也不奢望立收教益，倒是不无消闲的意味。“随便翻翻”，若存心冒充博雅，自是歪门邪道；若意在“消闲”，则反可能大有裨益。鲁迅先生曾描述这种“随便翻翻”的读书方法：“书在手头，不管它是什么，总要拿来翻一下，或者看一遍序目，或者读几页内容”；“不用心，不费力，往往在作文或看非看不可的书籍之后，觉得疲劳的时候，也拿这玩意儿来做消遣了，而且它也的确能够恢复疲劳”（《随便翻翻》）。比起“看非看不可的书籍”，“翻书”自是意态潇闲洒脱；可也因此不免“踩浮水”，当不得真。由“随便翻翻”而发感慨评高低，自是“卑之无甚高论”。唯一的好处也许是轻松而真切，卸下学者的盔甲，用一个普通读者的眼光来评人论文。

从去年9月起，我开始作买书——读书记，记录当初买书归来后“翻书”的印象，不是正式的书评。随手拈来，信口开河，不做进一步的展开与论证。摆出一副信不信由你的姿态，并非出于高傲，实则也就这么点体会，再说下去可就要露馅儿了。

至于文章体裁，介乎“买书记”与“读书记”之间，两者兼而有之。如果硬要寻根溯源，只能说接近古人那些随感式的题跋。不过我还是喜欢“逛书摊”这么个意象：书摊前，随手拿起一本书翻翻，不中意则搁下不提，有所感便“童言无忌”。这一本不行还有那一本，这个摊不行还有那个摊。横竖不是图书采购员，尽可凭趣味挑选品评。“凭趣味”自然多有偏见，可作者本就无意于提供“阅读指南”。区区“乱弹”，倘能引起读者愤怒或惊讶，进而阅读、重估被“歪曲”或“误解”了的作品，那已经是绝大的成功。不是说好的书评就是让读者忘了书评而直接进入所评之书吗？

1988年12月10日于北大畅春园

之一

友人告知海淀斜街新开一家古旧书店，名曰“海淀文化书社”，颇有奇货，并出示线装《冬心先生集》一册，价仅八角。妻子自告奋勇前往采购，归来后喜形于色，喋喋不休讲述“寻宝记”。书共购得五种六册，所费不足五元。其中岑仲勉《隋唐史》、冯自由《革命逸史》第五集均可补阙。最得意者为《冬心先生集》、《马氏文通》与《明清之际党社运动考》三种。

《冬心先生集》余藏有平装影印本，远不及此线装本悦目赏心。倒未必真的立意复古，只是喜其纸墨香。此书据南京图书馆藏清雍正刻本影印，上海古籍出版社 1979 年出版，乃“清人别集丛刊”之一。除《冬心先生集》四卷，还附有《冬心斋砚铭》一卷，各有金农自序一篇。冬心先生诗我素无兴趣，倒是字画深得我心。看中这集子，主要是附刊的“砚铭”。金农《自序》云：“岂不以文房之用，毕世相守，尊如严师，密如挚友，宝如球璧琬琰，护如头目脑髓者，惟砚为然，墨次之，笔与纸又次之。”用惯钢笔、圆珠笔的现代人，自然很难对笔墨纸砚产生如此深厚的感情，可我还是甚为欣赏和理解先人此类闲情逸致。金农为砚作铭，“寓规者十之三，彰美者十之七；寓规者座右所陈之比也，彰美者彝器所勒之比也”（《自序》）。劝惩者如《团砚铭》：“砚如此不恶，面如此便俗。侏儒侏儒多饱粟，今之相者兮果无怍？”彰美者如《小蕉叶砚铭》：“嫩蕉叶，抽春芽；试作书，开心花。”作为咏物诗读，未必大佳；只是小巧玲珑，颇有情趣。文体则较为随便，有绝句，有小词，也有散句。只可惜冬心先生还是放不下架子，未免过分正经了点，也许是为他人题砚不宜过于放逸，也许是希望流传千古不免略有造作。前读《冬心先生题画记》（上海人民美术出版社，1986年），感觉便比这好，除了清新自然而又夹杂奇情隽语外，更多自我调侃之词，显得更为轻松活泼。中国文人一到有意为文的紧要关头，不自觉就摆出“道学面孔”，故正经文章反不如随意挥洒的闲文来得别有情致。号称脱略的金农尚且如此，余者可想而知。这也就难怪周作人、林语堂要在名家的正经诗文外寻找中国文学的“传统”。

马建忠著《马氏文通》于1898年由商务印书馆出版，八十五年后又由该馆重刊，列为“汉语语法丛书”之第一种。此丛书收入20世纪前五十年（1898—1949）汉语研究名著十种。其实文学研究界、史学界、哲学界也该有此举。西学东渐，从梁启超、王国维以来，研究中国文学、史学、哲学，都不能不以西方学术为参

《明清之际党社运动考》，谢国桢著，中华书局 1982 年

照系，甚至借用其理论模式和研究方法。其间功过得失，大有值得认真总结者。吕叔湘在《重印〈马氏文通〉序》中讲了一句很有意思的话，说该书摆了许多至今仍为人所研究所疑惑的例句，尽管解释得不尽如人意。大概开山祖都是这样，“跑马圈地”加上“举首问天”。此书“因西文已有之规矩，于经籍中求其所同所不同者，曲证繁引以确知华文义例之所在”（马建忠《〈马氏文通〉后序》）。其功其过皆在此。后来的语法学家大都为摆脱印欧语研究框架的羁绊并探索汉语自身特点而努力，路数似不同于《马氏文通》，可大都仍为其巨大的阴影所笼罩。

谢国桢著作余原藏有《明末清初之学风》和《明清笔记谈丛》二种，感觉一般，读此《明清之际党社运动考》，方对此公刮目相看。谢先生治史肯下苦功，阅读大量野史笔记，见解不见得十分高明，“钩索文籍，用力甚勤”（鲁迅《题未定草》），这点无疑是做到了。此书考辨明清之际的“党”（一般士大夫阶级活跃的运动）和“社”（一般读书青年人活跃的运动）的来龙去脉，指出“党”的建设起始主意不错，结果则甚糟；“社”起初不过是论文的集会，后来则演变成抗清的运动。换一种说法，此书是研究明清之际知识分子的地位和作用的。明末清初与清末民初同为中国历史上最有意思的历史时期，知识分子在这样急剧变化的历史转折关头的心态及应变能力，值得认真考究，即使一下子从理论上说不清，如《明清之际党社运动考》，先做一番资料的收集辨正，也是很有益的。此书 1934 年由商务印书馆出版，1982 年由中华书局重印。

1987 年 9 月 24 日

之二

秋季古籍书市已举办多日，闻多好书，屡思一游，今日得便，遂直奔琉璃厂。果然名不虚传。只见各书摊前已是人头攒动，好在各自默默翻书找书，并不显得吵闹。在门口处先选购了颜中其编注的《苏东坡轶事汇编》（岳麓书社，1984 年）和聂绀弩著《中国古典小说论集》（上海古籍出版社，1981 年）二种，算是开门红。接下来，又在院内正中书摊上觅得郭绍虞《照隅室古典文学论集》（上海古籍出版社，1983 年），王利民、王贞珉编《历代笑话集续编》（春风文艺出版社，1985 年），刘正埮、高名凯等合编《汉语外来词词典》（上海辞书出版社，1984 年）等六七种。转到北面店内，王力的《古代汉语》先只找到中册单本，余原有下册，正好补配。交款时，售货员告知备有原套，价仅一元。虽说多了一本下册，毕竟已得全帙。出店后转至西面书摊，有零散的“丛书集成”出售。选看一过，价既不廉，书亦欠佳，本无意当版本收藏家，又未见非买不可之籍，因之弃而不取。临出门前，又找到何泽翰《儒林外史人物本事考略》

（上海古籍出版社，1985 年）和柳存仁《伦敦所见中国小说书目提要》（书目文献出版社，1982 年），颇为得意，都与我的小说史研究大有关系，也是“题中应有”之书。此次匆匆逛书市，共购得降价书十一种十四册，费金不足十二元，真是占尽天下便宜。此种书市，于我辈穷书生最为相宜，若有机会，均不可放过。

王力《汉语史稿》下册论词汇的发展部分（特别是论鸦片战争以后的新词产生那一部分）和高名凯、刘正埮《现代汉语外来词研究》一书，曾对我思考、描述晚清至“五四”的白话文运动大有帮助，只可惜此课题目前暂时搁下，须待有空时捡起来重做。从语言的传播、改造来探讨文化变迁，是最切实有效的一路，何况晚清以来现代汉语演变的脉络还是颇为清晰的，只要下功夫就能做出成绩来。《汉语外来词词典》收外来词一万余条，“无一则无来历”（《序言》），与只凭感觉、印象的猜测自是不同。其中日语转译英、法、德等印欧语系的术语，多借用古代汉语词汇，古义新义常常不尽相同甚或相差万里，而中国人又很容易望文生义，想当然地误解新词。这也是近代以来新词汇意义混乱含糊，缺乏必要的界定和阐释的重要原因。此词典注明某词源于日语某词，日语又系意译英语（或法语、德语）某词，或借自古代汉语某处，使人于此一词汇的古今意义之别一目了然。如果说搞不清现代汉语“经济”（economy）与古代汉语“经济”之间的绝大差别，还只是弄些无关痛痒的笑话；把“民主”（democracy）理解为“为民做主”或“万民之主”，可就叫人笑不起来了。可这误解还挺有来头，《书·多方》即云：“天惟时求民主，乃大降显休命于成汤。”中国人对“民主”的误解，或许可从这词源上找到些微原因。

《历代笑话集续编》、《苏东坡轶事汇编》和《儒林外史人物本事考略》、《伦敦所见中国小说书目提要》四书，前两者只做编辑注释，后两者则多有钩沉辨正。此类书于专门研究者自是十分有用，可一般读者也未始不可读。写得好的考证文字读起来颇有“侦探小说”的味道，既考史识，又考智力，还讲究文字功夫。闲来无事，翻阅各类书目提要，从中受益匪浅。治小说史者几无不受惠于孙楷第、郑振铎、阿英等人所作的小说提要；柳君此作继往开来，除记版本外，还颇多考证，其中尤以《西游记》及有关各书的考证最见功力，这跟作者乃治“西游”专家大有关系，专家所作专业书籍提要与目录学家所作自有高下之分。

30年代周作人发了不少关于笑话的高论，并辑有《明清笑话》等。周氏喜读奇书僻书，或许“歪门邪道”正是大道也未可知。没必要过多考虑“大雅君子”的“文绣之作”，倒是那些俚语丛谈，粗俗中见真性情。读人所未读之书，方能言人所未言之论。于韩柳欧苏外仍有好文章，就怕你无缘得识。不过，话不能说过头，别又闹出“以民间文学为主线”之类的玩意儿来。

1987年9月25日

之三

妻子去人民文学出版社校对译文，路过东四，顺便逛了重新开张的隆福寺旧书店，购得旧书五种：宋人庄绰著笔记《鸡肋编》、清人王应奎著笔记《柳南随笔·续笔》，近人袁珂著《神话论文集》、齐佩瑢著《训诂学概论》、陈恭禄著《中国近代史资料概述》；新书一种：陈寅恪著《寒柳堂集》。取出旧书时我也叫好，不过《神话论文集》我早买了，只能留着送人。婚前各自所买的书，对方都不大熟悉，即使看过了也容易忘了，不若自己买的书印象深，买重的大都是此类书。妻子最后才得意地亮出那本略显破旧的《寒柳堂集》，自然是想让我大吃一惊。她说此书是临出店门时回头一望，偶然看见的，可谓有缘。余生也晚，有兴趣且有能力购书时，陈氏著作已是大都售缺，虽尽力访求，至今才得《元白诗笺证稿》《金明馆丛稿二编》《柳如是别传》，以及蒋天枢著《陈寅恪先生编年事辑》。如今又添《寒柳堂集》，自是大喜过望。

其实，我对陈先生精深的史学著述所知甚少，倒是对其杂感、序跋（收入《金明馆丛稿二编》）和诗文（收入《寒柳堂集》）更感兴趣。这自是舍本逐末；可对于了解陈氏治学门径以及作为知识分子的精神追求，如此读法或许也不无道理。

在《冯友兰〈中国哲学史〉下册审查报告》中，陈氏称："其真能于思想上自成系统，有所创获者，必须一方面吸收输入外来之学说，一方面不忘本来民族之地位。此二种相反而适相成之态度，乃道教之真精神，新儒家之旧途径，而二千年吾民族与他民族思想接触史之所昭示者也。"在《〈王静安先生遗书〉序》中，陈氏总结了王氏治学三特点："一曰取地下之实物与纸上之遗文互相释证"；"二曰取异族之故书与吾国之旧籍互相补正"；"三曰取外来之观念与固有之材料互相参证"。所谓融合古今中外，可以说是近百年来治学之新途径，有识之士无不朝这个方向努力，只是成果不太理想。除了动荡不安的社会环境等客观因素外，更跟"外来之观念"与"固有之材料"之间难以协调大有关系。陈氏之批评"清代经学发展过甚，所以转致史学之不振"（《陈垣〈元西域人华化考〉》）；批评当代学人"以明清放浪之才人，而谈商周邃古之朴学"（《刘叔雅〈庄子补正〉序》），无论说古道今，都是针对其时空疏之学风。至于强调比较文学研究"必须具有历史演变及系统异同之观念。否则古今中外，人天龙鬼，无一不可取以相与比较。荷马可比屈原，孔子可比歌德，穿凿附会，怪诞百出，莫可追诘。更无所谓研究之可言也"（《与刘叔雅论国文试题书》）；

强调历史研究必须“矫傅会之恶习，而具了解之同情”，方能“无隔阂肤廓之论”,“其言论愈有条理统系,则去古人学说之真相愈远”(《冯友兰〈中国哲学史〉上册审查报告》)，在当年自是针砭时弊，在今日也仍可为药石之言。

陈氏虽以史家名，实颇有诗人气质。初读《柳如是别传》第一章《缘起》，前有《〈咏红豆〉序》，文字清新可喜，亦可见名士风度之一斑：“昔岁旅居昆明，偶购得常熟白茆港钱氏故园中红豆一粒，固有笺释钱柳因缘诗之意，迄今二十年，始克属草。适发旧箧，此豆尚存，遂赋一诗咏之，并以略见笺释之旨趣及所论之范围云尔。”论者以之为托词，非要发掘微言大义不可，并断定此书不仅直接关系“江左兴亡”，且还间接涉及台湾问题，于其中不难见出陈氏政治倾向。我则更倾向于相信这一著作因缘的真实性，尽管并非真的“著书唯剩颂红妆”，“绝非消闲风趣之行动”（吴宓语）,可也并非政治表态之文章。“忽庄忽谐,亦文亦史。述事言情,悯生悲死”(《柳如是别传》“稿竟说偈”)。历史学家的感慨兴亡，悯生悲死，绝不限于对某一政权形式的爱憎。硬要坐实，必定生拉硬扯。我对陈氏诗作及思想感兴趣，始于余英时与冯依北关于陈氏晚年思想的争论文章。余以陈氏为“广义的文化遗民，而不是狭义的、忠于一家一姓的政治遗民”，这点很有见地。至于在具体释诗时，余试图证明陈氏痛恨共产党而寄希望于国民党反攻大陆；冯则努力争辩陈氏对共产党甚有好感而憎恶国民党政权，争来争去似都与陈寅恪无大关系，多半还是论者借陈氏诗文以张扬自己的政治立场。

1987 年 10 月 4 日

之四

佛寺“请书”，也算读书人一大雅趣。孔尚任《燕台杂兴》咏王士祯：“御车扫径皆多事，只向慈仁寺里寻。”清初北京广安门内慈仁寺（报国寺）每逢初一月半，“庙市赁僧廊地鬻故书”，王必流连于此，故崇拜者不难于此一瞻颜色。

只是古来于佛寺售书者，为商贾而非僧人。前年暑假游五台山，各大寺均设法物流通处，出售外间书店买不到的佛经及各种佛教宣传品，站柜台者为小和尚。当我表示想买几种佛经时，小和尚即答曰：“不卖！”同行的法师告知须曰“请”。于是，恭恭敬敬地用人民币“请”回了好几种佛经。此后每游佛寺，必找法物流通处“请书”。近在眼前的北京法源寺反倒疏于问讯，甚感不安。

终于偷得半日闲，独自乘车前往。此为中国佛学院所在地，法物流通处更为可观。只是站柜台者为俗人，大概把我错认为华侨或港客，一进门就热情招呼：“您想买什么，来尊佛像吧？不贵。日本人最喜欢这种……”尽管明知佛寺“请书”颇为造作，可我还是相对更喜欢五台山显通寺法物流通处那种人为的“神圣感”，而不愿就一尊佛像多少钱讨价还价。在我，逛法物流通处本就不同于逛百货商场，并非想弄得便宜货，而是祈求得到瞬间心灵的宁静。也算不枉此行，“请”得了金陵刻经处所刊《十二门论》《俱舍论颂疏》《禅源诸诠集都序》《禅家决疑集》以及中国佛教协会刊印的《佛法概论》（印顺作）、《法苑谈丛》（周叔迦作）。最为得意的是“请”到了中国佛教协会编、文物出版社1984年出版的《弘一法师》。

我关注佛教对中国近代知识分子思想的影响，最初是从寄禅、曼殊和弘一这三个诗僧入手的。而这三人恰好代表了僧人对待文艺的三种态度：寄禅既是高僧又是诗僧；曼殊不僧不俗亦僧亦俗，可诗文小说俱佳；弘一则出家前吟诗不念佛，出家后念佛不吟诗，是曾经驰骋文坛的一代高僧。三人之中，弘一法师的资料最不好找，此前虽也有《弘一大师永怀录》《弘一大师生西纪念刊》《弘一大师文钞》《晚晴山房书简》等出版，但多断鸿零爪，无法一窥全貌，且只刊刻、流通于寺庙，一般图书馆难得收藏。1980年弘一法师诞生百周年之际，中国佛协在北京法源寺举办“弘一大师诞生百周年书画金石音乐展”，并从中精选部分展品，编成此一纪念文集公开出版。其中弘一法师出家前的诗文题跋，好多散落在民初各种书刊，一般人很难找到；而《音乐小杂志》的目录以及《白阳》杂志创刊号的发现，更是弥足珍贵。此书作为一本纪念文集，确实当得上“图文并茂”四字；若从学术研究角度要求，则有两个不大不小的毛病：一是所录弘一法师作品以及他人纪念文字多不注明出处，无法进一步探寻查对；二是漏收了弘一法师出家后诸多演讲，其中《南闽十年之梦影》《我在西湖出家之经过》，以及《佛法十疑略释》，都是理解弘一法师思想发展的重要史料。当然，身在佛学界的编者，很可能有意不收此类通俗性演讲，因其中确实没有多少高深玄奥的佛理。可以思想史、文化史角度考虑，此类演讲记录稿以及弘一法师选录的格言集，都因其圣俗对话这一特殊方式，使得它比正规的佛学论述更带人间味，更能体现一代高僧精神生活的另一侧面，因而也更值得充分重视。

由最早热情介绍西洋音乐、绘画、话剧的才气横溢的留学生李叔同，一转而为食斋念佛、以弘扬南山律宗为己任的弘一法师，多少人对此困惑不解，其中最关键的一点是对于佛教精义的领悟有很大差别。柳亚子赠弘一法师偈云：“闭关谢尘网，吾意嫌消极。愿持铁禅杖，打杀卖国贼。”弘一法师则答曰：“亭亭菊一枝，高标矗劲节。云何色殷红，殉教应流血！”在弘一法师看来，佛教徒“抱热心救世之弘愿，不唯非消极，乃是积极中之积极者”（《佛法十疑略释》）。你可以怀疑他“念佛必须救国，救国不忘念佛”的口号是否能够落实，却不能说他是消极避世。

现代文人颇多推崇弘一法师者，倒不一定赞成他的信仰，但对他一心持律的高风亮节却不无高度评价。作为一种人格典范，对弘一法师的赞赏最精彩的当推丰子恺、叶圣陶、朱光潜的总结，丰子恺称弘一法师是“最像人的人”，因其回到童真状态，摆脱世俗偏见，还一个本来面目的“我”，粗茶淡饭皆能品出全滋味、真滋味。叶圣陶认为，没有真正进到生活里去的人才有真俗之别、内外之分，弘一法师全身心投入其间，没有站到外面来观察分析的余裕，故心境十分平和宁静。朱光潜则由弘一法师的启悟，提出了“以出世精神做入世事业”的人生理想。

1987年11月7日

之五

好久没上琉璃厂，甚为怀念，老怕漏过什么好书，况且逛书店本身也是一种乐趣。赶到琉璃厂，已是下午 3 点钟，要在两个钟头内逛完所有书店，不能不走马观花，书是购得好几种，可没有一种是刚出的新书。

在中华书局读者服务部买了陈登原《古今典籍聚散考》，1936 年商务印书馆出版，1983 年上海书店影印，五百四十四页，售价两元，够便宜的了。此书把典籍聚散原因归为四类：独夫之专断、人事之不臧、兵匪之扰乱、藏弃者之鲜克有终。论述未见得十分精彩，但材料翔实，且都注明出处，是 30 年代力图用科学方法系统研究中国藏书史的代表性著作。此后谈论中国藏书的诸多通俗性著作，多利用其搜集整理归类的大量史料。

中华书局 1987 年影印的《书林清话》，中华书局读者服务部早已售罄，反而在古籍书店买到。叶德辉也算近代一大藏书家，其《书林清话》十卷清末曾刊刻过，1957 年古籍出版社据长沙观古堂1920年刻本重排，附以《书林余话》二卷，还有李洣的《〈书林清话〉校补》。此书讲刻书和版本甚为内行，几年前曾粗粗翻阅一遍，闲来再细细品读。

近来忽对书话之类闲书感兴趣，在邃雅斋购得郑振铎的《西谛书话》（三联书店，1983年）和谢国桢的《江浙访书记》（三联书店，1985年）。其实这两本书在书店里早见过多次，只是以前老嫌其零碎，无甚高论，故不愿收藏，至今也并未以为此类书话会有多高的学术价值，只是由爱书而喜读各种有关书的书籍，其中自然也包括书话。一开始只能说是文人积习，谈不上什么学术上的考虑，如鲁迅所说的，只是"随便翻翻"，权当休息。可慢慢读出点味道来，有时不免把此等闲书也当正经书读，居然受益匪浅。

郑、谢两位都是藏书家，且都是著名学者，其书话不免多介绍秘本珍籍。涉及各自专业范围者（如郑振铎之谈小说戏曲与谢国桢之谈明清文集），故多行话，颇为可读；可我更喜欢听他们谈论那些自己不大熟悉的书籍。并非想鸡蛋里挑骨头，希望人家出乖露丑闹笑话，而是愿意他们跟我站在同一地平线上，作为一般读者而不是专门学者发表意见。这些意见往往不太专业化，更多一点感性的色彩，可读性强些。

其实，不少他们谈及的书，很可能这辈子我都不会去读；可我还是乐于听他们介绍。就像儿时夏夜里听老人聊天，听进多少算多少，听不进去则闭上眼睛睡大觉。实际上，我也是习惯于斜

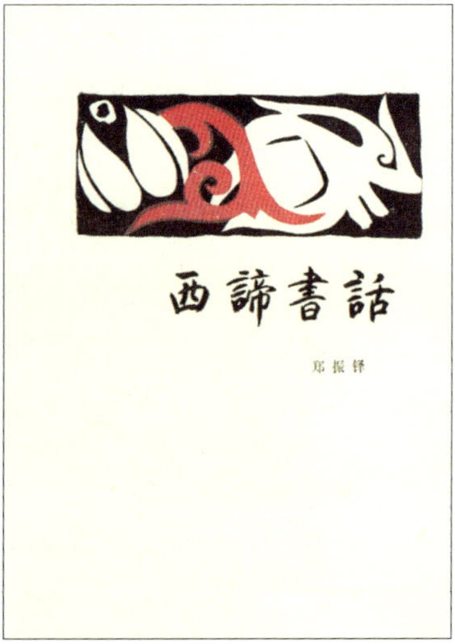

《西谛书话》，郑振铎著，生活·读书·新知三联书店 1983 年

躺在床上读书话，好处是随时可以搁下，没有半点“苦读”的念头。

叶圣陶为《西谛书话》作序，称“振铎喜欢旧书，几乎成了癖好，用他习惯的话来说，‘喜欢得弗得了’”。这册书话即是这个“书痴”痴书的绝好证明：写小说讲藏书（《书之幸运》），写散文也讲藏书（《蛰居散记》），写书信、日记照样讲藏书（《欧行日记》《求书日录》）；更不必说那些专门撰写的系列书话，如《劫中得书记》等。得一异书，“若睹阔别之契友，秋窗剪烛，语娓娓不休。摩挲数日夜，喜而忘忧”，此乃一般藏书家常有的境界；而郑君于炮火连天的抗日战争中，为保存民族文献而收书，且“收得必随作题记”，此种

“摩挲数日夜”的情境自是更为感人。正如郑君于《劫中得书记》自序中称“夫保存国家征献，民族文化，其苦辛固未足埒攻坚陷阵，舍生卫国之男儿，然以余之孤军与诸贾竞，得此千百种书，诚亦艰苦备尝矣”。

正因为于炮火中得之，所作题记除一般的版本考证和内容介绍外，常有收书艰难的记载和感时忧国的发挥。前者如“《古今女苑》”条：“丁丑冬，国军西撤，乃乾忽持此书来，欲以易米。余大喜过望。竭力筹款以应之。殆尽半月之粮。然不遑顾也。斗室避难，有此‘豪举’，自诧收书之兴竟未稍衰也。”后者如“《渭南文集》”条：“余幼时即喜诵放翁诗，今置‘全集’案头，几日日快读数十首。每不觉悲从中来，泪涔涔下，渍透纸背。然念今日局面，决非昔比，则又自壮！”

在书话中掺入散文笔法或干脆把书话当散文写，并非郑振铎的独创；现代书话家多有这种倾向，即使像谢国桢这样治学严谨的历史学家也不例外。江浙、成都访书记部分基本上是目录学意义上的书介，很少掺入主观情感乃至价值判断；“瓜蒂庵自藏书”之题记则多叙得书经过，颇为潇洒自得，可作小品文读。如记购得访求多年的《留青日札》：“今春多雨，镫前点滴，细听檐花，辄无足迹。一日傍晚，新雨初霁，斜阳在树，落英缤纷，坐窥窗外，见书友骑自行车，持蓝布书袱挟是书至矣。乃摒挡故物，竭其所有而易得之。”

1987年11月13日

之六

进城领稿酬，在体育馆转车，顺便逛艺文书店，也算“消费刺激生产”。店很小，可人挺多，这里卖的是新出的“旧书”，常有意料不到的好货。只是书店换了招牌，变成“中国国际图书贸易总公司劳动服务公司书刊销售部”，实在叫不顺口。不过如今“公司”的确远比“书店”吃香，改招牌也可以理解。叫什么实际上无所谓，有好书卖就行，长衫早就送进当铺了，没那么多穷讲究。

因常来常往，一进门就能发现新进了哪些书。靠窗的桌子上摆着一叠海灯法师的《云水诗钞》，印刷装潢还颇为精美。对诗僧的作品我历来有兴趣，自然不免对这本定价不低的小书另眼看待。翻阅了一通，诗还说得过去，字也蛮清秀。正想买下，一看版权页，大失所望，颇有上当受骗的感觉——原来诗集乃他人代抄。既不是作者手迹，当书法作品欣赏又不够格，如此出书，徒然给人附庸风雅的印象，何苦呢？

岳麓书社影印的《清代朴学大师列传》上、下册，本来于我的研究很有用，可惜书既不廉，所引述材料又不注明出处，拿起来又放回去了。最后只挑中了浙江古籍出版社 1986 年版的《（林纾选评）古文辞类纂》和河南人民出版社 1986 年版的《三松堂全集》第四、第五卷。

林纾以古文笔法解释并接受西方小说技巧，历来为研究者所嘲笑，这实在不必要。中外文有异也有同，史迁笔法与狄更斯小说技巧并非全无相通之处。在没有找到准确的理论表述以前，也可能借助旧的理论语言做相当精彩的阐释——关键在于是否真正具有深厚的艺术修养。相对于同时代只满足于摆弄新概念的小说理论家，林纾对西洋小说形式和风格的理解明显高出一筹。与其不断嘲笑林纾“西人文体，何乃甚类我史迁也”的名言，不若仔细考察林纾之以古文笔法译、作小说的利弊得失。近年商务印书馆重印“林译小说十种”，四川人民出版社出版选录林纾长、短篇小说的《林纾选集》，学术界对林氏译、作小说也颇多研究；可若不同时注意林纾大量的文论和文评，很难说清林纾对域外小说的特殊感觉。除了《春觉斋论文》、《文微》、《韩柳文研究法》和《左传撷华》外，《（林纾选评）古文辞类纂》也颇值得一读。

林纾选评的《古文辞类纂》，是在清人姚鼐所编同名著作基础上，“采其尤佳者，加以详细之评语”。前五卷出版时，刚好在“五四”白话文运动高潮中，不免对新名词耿耿于怀，《序》中称“惟刺目之字，一见之字里行间，便觉不韵”。可是评者确实“深知文中之甘苦，而又能言其甘苦者”，故“一经指示，读者豁然”。至于点校者批评其“过分注意文章的形式技巧一面”，恰好说到本书的好处。即使只是作为古文选本读，此书也比眼下诸多只释字词不讲文法的“作品选”强。

冯氏《三松堂全集》第四、第五卷刚好收入我最感兴趣的“贞元之际所著书”:《新理学》、《新事论》、《新世训》、《新原人》、《新原道》、《新知言》和《南渡集》。除后者为论文、杂文集外，前面“新六论”乃冯氏的哲学著作，自成一完整的体系。《三松堂自序》第六章谈及抗战颠沛流离的生活并没有妨碍他写作，“民族的兴亡与历史的变化，倒是给我许多启示和激发”。按作者自述，这六部书的主要内容，“是对于中华民族的传统精神生活的反思”。而“凡是反思，总是在生活中遇见什么困难，受到什么阻碍，感到什么痛苦，才会有的”。八年抗战，学术界反思中国文化，甚有成绩；在那么困难的环境下治学，居然文史哲各学科都出现一批传世之作。这几年我们也在反思，也是感到了痛苦和困难，但能否弄出点自成体系的精神成果，还很难说，别看现在很多人自我感觉十分良好。

作为学者和哲学家，能时刻关心“民族的兴亡”固是难得，但过分认同“历史的变化”而丧失独立判断能力和批判精神，则又未免可惜。前年我到西安旅游，在陕西社科院购得削价处理的冯氏五六十年代出版的《中国哲学史论文集》初、二集，读后颇感失望。同时购得的还有1962年上海人民出版社出版的《中国哲学史史料学初稿》，也是冯氏所著，则于初学中国哲学史的人挺有用。书很便宜，每册才卖三角，多买了两本送人。于中悟出一点点道理，人生在世，并非想反思就能反思，想出体系就能出体系，有时候不说比说好，少说也比多说好。

1987年11月16日

之七

早上醒来，天气晴朗，灵机一动，骑车赴东四隆福寺街访书。这里从清代到民国曾书肆云集，据说五六十年代还有三四十家书店，如今就剩下孤零零一家旧书店了。好在店里人不多，与街上的喧嚣形成鲜明对比，顾客低头翻书，售货员低声耳语。

总算没白跑，一下子就看中钱基博的《版本通义》。钱锺书这几年声誉甚高，其父似乎也沾光，《现代中国文学史》等书已经重印，只是这本 1957 年古籍出版社出版的小书未见再版。

季镇淮先生乃妻子念研究生时的导师，治学很严谨，压着两三部书稿，从 60 年代一直琢磨到现在还不肯撒手。正式出版过的除《闻朱年谱》外，就这本《司马迁》（1955 年初版，1979 年出版修订本）。如今书店里早就售罄，居然在这里相遇，买下来留作纪念。

劳伦斯的书这两年大出风头，《查特莱夫人的情人》小书摊上卖高价，据小说改编的电影（黑白片）在北大放映过，反应平平，可票照样很难弄到。劳伦斯的其他作品则未必有此好运，花城出版社刚出的《儿子和情人》，旧书店里已经开始削价出售。高价的“情人”买不起，只好借阅；降价的“情人”不妨买一本，书架上总该有劳伦斯的一席地位。

谭正璧父女著的《古本稀见小说汇考》，1984 年由浙江文艺出版社出版，对治小说史者很有用。著者 1945 年曾出版过《中国佚本小说述考》，所考佚本只限于日本所藏；此次补充了英、法等国的藏本和国内所藏珍本，共收古本稀见小说一百六十三种。这个工作不需要多少灵气，但要下苦功夫，二三十年代郑振铎和孙楷第做过，60 年代柳存仁也做过，谭氏此书明显吸收了他们的研究成果。

这次访书，最得意的还是廉价购得上海书店影印的《历代小说笔记选》七册和书目文献出版社 1983 年版的《古文小品咀华》甲、乙种本。前者由江畬经编辑，收录汉代至清代笔记小说集两百种，据编者自称，不收神鬼报应之作，“至于殊方异俗，奇闻逸事，凡足广后贤之耳目，引读者之趣味者，则仍博取无遗”。只是所收各书多为选录，对于研究者来说，不如《笔记小说大观》或《说库》合用。不过如果做一般阅读，此选本也还可以。

《古文小品咀华》为清人王符曾所编选评点，收先秦至明代短篇古文二百九十一篇。书目文献出版社同时推出甲、乙两个版本，甲种本为原耕读轩刊本，乙种本据周作人祖父周介孚收藏的清人

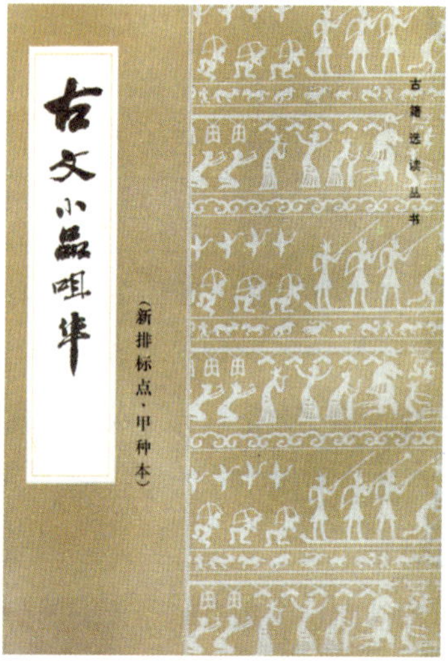

《古文小品咀华》，书目文献出版社 1983 年

抄本影印，前有周作人小记。编者不录佛老之言、四六对偶、牛鬼蛇神和插科打诨，这些都情有可原；可称“予辑古文，凡渐染月露风云，及道儿女闺房之事者，尽汰之，防其渐也”，则又未免有点道学味道。不过编者在《序》和《赘言》以至具体作品评点中，屡屡道及文章之长短，颇有见地。如“尝试论之，文章一道，学步者，丰满毛羽，矜奇炫异；其继也，则涣然冰释，怡然理顺；逮乎入室之后，笔墨矜贵，必敛才就法，以驯至于入化出神而后已”。作文章的这三种境界，舞文弄墨者多能领会，却难得他一语道尽。

近来忽对笔记、题跋、小品之类感兴趣，大概是年龄的关系，不过也跟读厌了高头讲章式的宏文和浓得化不开的美文有关。小品好读不好写，弄得不好既浅且白，日渐无聊。大致读大书写小品，出手自然不俗；而读小品写小品，则容易小里小气，且矫揉造作。也就是说，此类颇需灵气的东西是逼不出来的，最好是厚积薄发，无意为之，一挥而就。最近为友人所诱，赶写“学术小品”，颇为忙碌了一阵，心里老不踏实。明知突击写小品本身就有点好笑，平日里还讥笑友人每天创作若干格言的写作规划，真怕小品写完灵气也没了，成了吃“小品饭”的。

不过，还是希望能两条腿走路，能写严谨的专著，也能写洒脱的小品。前几年似乎时兴在学术论文中发牢骚乃至插科打诨，本人也未能免俗。这代人读起来带劲，后代人则可能莫名其妙。还是角色界定清楚好，干什么就该像什么，别老当秀才时像和尚，做和尚时又像秀才。倘写小品，则笔记野史乃至明清小品都大可借鉴。不过，这里所说的“小品”，与王符曾所选择的“小品”并非同一个概念。

1987年12月3日

之八

闲来无事，骑自行车，把校园里三个书店转了一遍，居然买到了七种书。其中略为可说的也就三种，余者专业性太强，只好暂时冷冻起来。

赵景深所著《文坛回忆》(重庆出版社，1985年)，收集三四十年代旧作《文人剪影》《文人印象》二书，另外加上题为“文人回忆”的一组新作。赵君多才多艺，著作甚丰，除翻译、创作小说外，还有学术著作多种，只是由于长期从事编辑工作，难得专心治学或创作缘故吧，其著作大都肤浅。小品、掌故、回忆录不需要多少学识才气，有点聪明，见多识广，再加上文笔过得去就行了。故赵君此类文人印象记尚可读。像郑逸梅的杂札，但毕竟还有点学问功底，所记之人之事大致可信，有史料价值。除《文坛回忆》外，赵君还有同样性质的《文坛忆旧》，1948年由北新书局出版，寒斋有收藏。

作者对他所认识的文人的描述，也有别具只眼的，如说冰心的“女学究和绅士气”使人觉得“仿佛是面对着一尊庄严华贵的女神”；说与叶圣陶对话时，“可以在他这部位停匀的脸上读出他正准备着十二分的诚恳来听受你的宏论”。可毋庸讳言，大部分描述是琐碎且皮相的，文章也不见得漂亮。这原因很可能就是作者在《〈文人印象〉序》中所承认的：“我的环境不容许我多有深交”；“贪多或亦一病”。

以文人之眼观文人，以文人之笔写文人，本来完全可以做出非常漂亮的文章。汪曾祺写沈从文、金岳霖的短文不就因其传神而传诵一时？其实人生在世，除了作品外，留给后人的也就那么三五句话和一两个动作。逮住了，文活人也活，说不定还真的千秋不朽。从《世说新语》起，此类记录嘉言懿行的作品代有传人，其中不少尽可作“文人印象”读。近来文坛也开始流行此类文章，只是不知道到底是文人生活越来越枯燥呢，还是写文人印象的文人越来越笨拙，反正但觉此类“小品”似乎越来越没灵性，难得见到既非高级广告，又非史料排比的可做美文欣赏的“文人印象”。

中村元著、吴震译的《比较思想论》，1987 年由浙江人民出版社出版，收入“比较文化丛书”。此书 1960 年初版，除比较思想论历史发展的追溯外，着重从“东方思想与西方思想”“思想史的探索之路”“思想形态论”三个方面分若干专题，撮要介绍世界各国对这个课题的研究成果。1967 年版又增补了“比较思想论近况”，开列了许多有关这一课题的研究专著和论文，对研究者很有用处。作者作为日本思想史研究方面的权威，而“致力于介绍海外的比较思想研究动向”(《序》)，这一点很值得中国学者借鉴。在中国学界，搞资料考证的和做综合研究的，似乎是两拨人，难得有两担一肩挑者。像中村元那样，为了某一课题的研究，先从“概览以往的研究情况”做起，这才能做出功底扎实的大文章。靠别人整理过的资料做学问是很危险的，因在这其中蕴含着整理者的学术眼光和价值标准，很可能最能说明问题的另一面的资料已经被整理剔除了。而对于其他研究者来说，中村元的这种文献介绍，比目录学家所做的资料索引要有用得多。作者远不只是开列书名，而是对那些重要的文献做了详细的述评，对一般文献则采纳学术界公认的评价。你可能无法认同作者的观点，可你得承认此书比较准确地介绍了一大批比较思想研究著作的主要观点，给进一步的研究提供了很大的方便。

相比之下，陈玉堂编的《中国文学史书目提要》就显得逊色多了。此书 1986 年由黄山书社出版，共著录清末至 1949 年出版的各类文学史专著三百余种，分为“通史”、“断代史”和“分类史”三部分。同样是文献介绍，此书只是注明原著版本和成书简况，并详录各章节目录，而没有内容介绍及评价。也就是说，这是目录学家做的资料索引，而不是文学史家做的研究综述。即使如此，此书对于中国文学史研究者来说，仍然很有参考价值，起码从一个侧面勾勒了 20 世纪前半叶中国文学研究界走过的大致历程。可惜的是，书中个别地方记载有误，如陈景新的《小说学》是小说理论著作而不是小说史著作，按此书体例不该收录；又如张静庐的《中国小说史大纲》，初版只有五卷，再版时才增订为十章，编者据修订版著录而不做说明，很容易引起误会。

1987年12月23日

之九

不管是旧历新年，还是新历新年，厂甸都不再摆书摊了，按理说已经没有什么好逛了。30年代，周作人新年半个月内去了厂甸四次，自称比起钱玄同、刘半农来还是“小巫之尤”;50年代初，郑振铎、阿英经常上班前先到琉璃厂转一圈。今天大概没人有如此雅兴了；即使有雅兴，也没那么多有趣的旧书；即使有旧书，也没那么多买书的钱。说到底，这是个“平民化”的年代，不需要大文豪、大学者乃至大藏书家。可我还是想去琉璃厂走走，并非幻想出现奇迹，而是找不到更好的娱乐场所——逢年过节，北京城里哪块风景胜地或者名胜古迹不是煮水饺般挤满人？相对来说，琉璃厂还算清静些。平日里横七竖八的各种轿车和旅行车不见了，专做外国人生意的字画、古玩商店也关门休息了，照常营业的只有主要面向国人的各种新旧书店。先后在古籍书店、邃雅斋和中国书店服务部买到新书十三种，花去三十元五角八分，几近月薪的三分之一。说来钱的确是个好东西，要没它，我可真难以如此“欢度元旦”。

浙江古籍出版社编的“两浙作家文丛”1987年又推出《王季重十种》，此书印刷太差，可文章不错。阿英《海上买书记》曾谈到他买《王季重全集》残本的事，其中提及明版《王季重十种》。此书30年代曾列入“中国文学珍本丛书”，对比阿英所买残本，少《时文序》《传》《状志铭》三卷，而多《历游记》和《庐游杂咏》二卷。林语堂、周作人常提及的《文饭小品》没有收入，很可惜。不过《弈律》四十余则倒是收了，作为第十种。《〈弈律〉小引》称“律之作也，以绳强也；而余之作律，以绳弱也”，或许不无深意；不过作为谐文读也甚有味，若判悔棋与医棋的《白昼抢夺》《庸医伤人》二则：“凡白昼抢夺人棋，杖九十，徒二年半。强悔者，杖七十。哀悔者，笞五十，听悔一次，仍纪过罚一子”；“凡庸医，见人棋子有病，初无故害之情，不按方术强为针刺，因而致死者，杖六十，终身不许行术。”张岱评王思任（字季重，号谑庵）“以文为饭，以弈为律。谑不避虐，钱不讳癖”，可见此公的善谑在明末就是出了名的。观其晚节，此公乃心冷血热人也，绍兴城破，居然绝食而死。而其拒权奸马士英的名言“我越乃报仇雪耻之邦，非藏垢纳污之地”，更是传颂非止一时。季重怪才，除骂人外，还有写游记文的绝技。

杜迈之、张承宗著《叶德辉评传》（岳麓书社，1986年），除前言、后记外，分上编“政治生涯”和下编“学术活动”，基本思路是“其

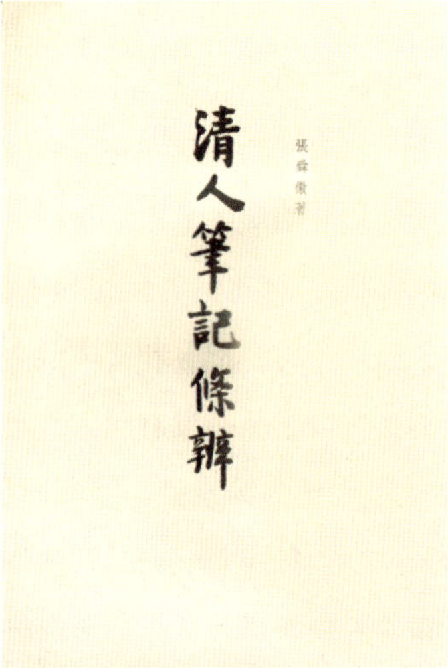

《清人笔记条辨》，张舜徽著，中华书局 1986 年

人固不足取，其学实有可传”。轻其人而重其文，则上编批判，下编褒扬，“一分为二”。作者对版本目录学有点功底，谈了些我一窍不通的历法之类。可我认为最重要的是传主的心理、个性、道德修养和价值取向，全都付诸阙如。叶氏乃清末民初文化名人，单批判其反民主拥帝制的政治活动远远不够。从文化层面谈近代诸多怪才如辜鸿铭、叶德辉、林琴南等，很有意义。可绝不能局限于辜的译春秋、叶的玩版本和林的写小说，避而不谈他们在西方文化碰撞中的心理矛盾，那样，未免糟蹋了好题目。

黄裳《关于“提要”》一文，曾谈及陈垣的《中国佛教史籍概论》、邓之诚的《桑园读书记》和张舜徽的《清人文集别录》，盛赞前两种而批评张著“只接触表面现象的研究方法，是很难达到知人论世的要求的”。《清人文集别录》我已收藏，此次又购得中华书局1986年版《清人笔记条辨》。一来可与谢国桢《明清笔记丛谈》对照着读，两书着眼点不一样；二来作者还是抄了些有趣的资料，可做索引翻阅。作者《自序》云：“今兹所采百家笔记之言……得失互见，多可商榷。窃不自量，从而平亭是非。”其实抄书本身就是一种品评，周作人的抄书与张舜徽的抄书就大有区别。傅山、冯班、刘献廷等人的著作，周、张两位都抄过也都评过。手眼高低自现。单讲文字、声韵之学，如此读书显然不够，一到品评人事，张氏常常显得肤浅。

俞平伯乃周作人弟子，其序跋颇有乃师之风。序跋一不能太实，二不能太白。太实则拘谨，太白则无味。洋洋万言，半点不沾所序之书的边，如此跑野马，未免太才子气了；可只是交代书籍的写作过程，句句不离题，则文不可读，只能做史料看。我还是欣赏鲁迅、周作人、俞平伯等人略带涩味的白话。《俞平伯序跋集》颇多可读之作，只是论《红楼梦》诸篇，近乎专门论文，与其他短序体例不合。另外，书中他人所写前言后记，未免太不讲究“文章作法”了，或许故意与俞氏之文形成一种对比也未可知。

1988年元旦

之十

昨天刚下过一场大雪，今早虽出大太阳，无奈路上积雪未化，骑车很不方便，只好搭乘公共汽车。急匆匆赶往宣内大街中国书店门市部，是去“抢”《增订晚明史籍考》和《花随人圣庵摭忆》。这两种书前一阵子在这书店见过，那时对晚明、晚清历史文化还不怎么特别感兴趣，故未着意搜罗。如今一念既动，即刻不容缓地前往搜求。可惜后者已被人捷足先登了，好在谢国桢编著的《增订晚明史籍考》还剩下两本，一把抓过，唯恐又给溜掉。书很便宜，一千一百多页的精装书，只售三元九角，这样的书价如今近乎天方夜谭了。

顺便拐到西单电报大楼旁边的中国书店西城机关服务部，那里出售的全是新书。除购得《王国维遗书》及其他有关小说研究书籍外，最得意的是买到《美化文学名著丛刊》及《陈垣史学论著选》二书。前者好几年前就在书店里见过，只因书名不伦不类，连翻都懒得翻。前些时读郑逸梅《南社丛谈》中“朱剑芒传”，方对此书性质有所了解，于是四出搜求，不想今日“得来全不费工夫”。

《美化文学名著丛刊》乃朱剑芒所编，1982年上海书店据国学整理社1936年版复印。此书共收明清间叶绍袁、张岱、冒襄、李渔、沈复等人所作“写情纪胜”名著十种，朱剑芒《叙言》将其分为志哀与志乐两大类；志哀者为“写情之隽品”，志乐者为“怀旧名著”与“纪胜至文”。除附“美化文学名著年表”外，每部作品都有编者或他人的考证文章，工作态度颇为认真。只是考订不精，分析更浅。这一点，比较收入其中的足本《浮生六记》与1923年朴社出版的俞平伯校点本《浮生六记》，自是一目了然。俞《重刊〈浮生六记〉序》有两段话说得很得要领，一是强调作者不是斯文举子，乃习幕经商之人，故“偶然写几句诗文，也无所存心。上不为名山之业，下不为富贵的敲门砖，意兴所到，便濡毫伸纸，不必妆点，不知避忌。统观全书，无酸语、赘语、道学语，殆以此乎？”。一是指出此书最大优点是“一半儿做着，一半儿写着的；虽有雕琢一样的完美，却不见一点斧凿痕”。赵苕狂、朱剑芒为足本《浮生六记》所作的文章分析颇详，可未见新颖的见解；更严重的是将王均卿作伪的“中山记历”“养生记道”二卷收入其中，虽也谈及某些疑点，但倾向于乃原作者“事后追记，于纪年方面，当然难免有错误”。郑逸梅《清娱漫笔》曾提及王均卿如何邀请他为《浮生六记》“代做”后两记，郑虽拒绝，可五、六两卷的佚稿很快就为王君所“发现”。即使不知此段公案，单从文字风格上，也可见前四记与后二记之绝大区别。不过，书中所收十种作品，确实可称名著。如果说“文人趣味”，这些才真正当得起。30 年代周作人、林语堂大讲闲适、性灵，此类作品曾大出风头。

前曾读三联书店版《励耘书屋问学记》，对陈垣的治学方法和治学内容很感兴趣。读《陈垣史学论著选》(上海人民出版社，1981 年)，遥想前辈风流，如交故友。或许是年龄的关系，或许是学识修养的缘故，我对陈先生这些注重史实考证而又不流于琐屑的文章颇为赞赏，这也是我在这套“中国当代史学家丛书”中，特别推崇陈著的原因。

春秋战国、魏晋南北朝、明末清初和清末民初，都是中国历史上大动荡大转折的时代，其学术思潮、文学艺术乃至风俗文化，都有值得深入研究的特点——当然，其时的政治、军事、经济或许更值得探讨，可非我的能力与兴趣所及。上海古籍出版社 1981 年新一版的《增订晚明史籍考》，搜辑考订明季万历至崇祯，以迄清康熙间平定三藩事件时为止的野史稗乘，乃研究这段历史必备的工具书。据此书“凡例”，“兹编之旨即在搜辑史事，以淬励民族气节；摭拾旧闻，以存一代之文献”。朱希祖为此书初版本作的序中，称“作史之业，盖有三期”：搜罗务期广博；考订务期精审；去取务权轻重。而以下这段话，既是对谢著的评价，也是对学界的针砭，今天读来乃觉新鲜：“方今治史学者，滞初步则徒夸张目录，截中步则徒穷探枝叶，躐终步则或轻言编纂，稗贩钞胥，或空谈方法，道听途说，衒鬻诳耀，尊己凌人，此真所谓唐华朝菌，不经风霜者也。欲其革除叫嚣之风，振导朴实之学，岂不难哉。”

1988年1月4日

之十一

到文津街北京图书馆旧馆读书，顺便转了几家书店。北图入门东边原有的读者服务部冷冷清清，只有两架书，四五个青年在柜架前打扑克，进门就听一声大吼："买什么？！"赶快退出来，此店大概很快就要"关门大吉"了。西边还有个降价书展销，销售之书以书目文献出版社出版者为主。《文献》杂志每本仅售五角，够便宜的了，挑了好几本，可最后还是没买，一来好文章不多，二来我一般不藏杂志。选中的书就两本，一是清代五色石主人著《八洞天》，一是近人徐一士著《一士类稿·一士谈荟》。"《八洞天》之作也，盖亦补《五色石》之所未备也。"（《序言》）两书题材相近，体制相同，均分八卷，卷叙一事。徐述夔这两部白话短篇小说集，最近均排印出版，对研究清代小说发展无疑很有用处。《八洞天》原藏日本内阁文库，30 年代初孙楷第赴日访书时读过，在《日本东京所见小说书目》中有所介绍，可国内学者一般无法看到。《一士类稿·一士谈荟》收入清末民初人物掌故四十余则，均取材于野史逸闻，再做考订润饰，介于史与文之间。此书曾于40年代在上海出版，收入“古今丛书”中。这次重刊不做任何说明，实在可恶，还是专讲版本目录学的书目文献出版社！瞿兑之为此书所作的《序》，分析“掌故之学”，颇得要领。其中谈到清末民初何以掌故逸闻满天飞，令人抚古思今：“有清末叶文字之禁骤然失效，从前闷着不敢说的一切历史上疑案渐都成为好事者之谈助，于是谈逸闻的纷然而起。数十年来私家刊行的专著以及散见于报章杂志，一鳞片羽不胫而走者，不可胜数。人人感觉兴趣，遂成一时风尚，至今还是方兴未艾。”先是野史笔记（如今应是报告文学），次为历史小说，最后进入戏剧影视，其间虚构的成分越来越多，艺术性也逐步加强，不过“历史疑案”的魅力始终没有完全消失。这或许并非中国人独有的阅读趣味，只不过由于中国的新闻媒介未能很好发挥作用，因而大大强化了观众解读“疑案”的兴趣。

沙滩新开了个“五四书店”，门面挺大，书也不少。有上海书店影印的《谈龙集》和《谈虎集》，可不想买，等着买岳麓书社整理的本子。倘若这两种书早出两年，很可能销路会很好；如今岳麓书社表示准备校点、出齐周作人著作，不少读书人马上转到他们那边去，不再愿意零敲碎打买上海书店的影印本了。想当年我在西安旅游，碰到周著《过去的工作》，真是欣喜若狂。一下子买了五本。如今可是再没那种热情了。其实，胡适、林语堂的文集最好也有出版社愿意统一整理出版，不应该像现在这样胡乱翻印，东一榔头西一棒子。在五四书店，就买了一本胡适著《白话文学史》，是岳麓书社根据新月书店1928年版重新影印出版的。希望出版社有系统地出版胡君著作，大概还要假以时日，如今也只好“零敲碎打”，见到什么买什么了。

转到中华书局读者服务部，又要了两本书，一是巴蜀书社1987年版《中国文学讲演录》，一是上海古籍出版社1987年版《〈金瓶梅〉西方论文集》。据说西方第一次出现《金瓶梅》译文是在1853年，如今已有十二种西方文字的片段或译本出版。这一百多年来，《金瓶梅》在西方的命运似乎比在中国还要好些，名声也显赫得多。集子中韩南、夏志清等人的论文都很见功力。另外，普实克、浦安迪、刘若愚、马幼垣等人的中国小说史研究也都甚有特色，比国内学者眼界开阔，研究也深入，大有可借鉴处。

钱穆40年代是出名的复古派，备受左派文人的攻击，好在一以贯之，也就旗帜鲜明，自成一家之言。这几年钱先生在大陆又大出风头，各出版社纷纷出版他的著作。单是我收藏的，就有中华书局1986年版《中国近三百年学术史》、岳麓书社1986年版《现代中国学术论衡》和《八十忆双亲·师友杂忆》，如今又添上这本《中国文学讲演录》。四种书都是根据港台版翻印的，第一种说明了版本流变，第二、三种只介绍作者而不谈版本，第四种什么也没说，不知情者还以为是国内哪位教授的新作呢。此书1962年在香港出初版本，收文十六篇，1983年由台湾东大图书有限公司出增订本，收文三十篇，巴蜀书社显然是根据香港版重排付印的，不该不做任何说明。既是讲演集，难免“卑之无甚高论”，比不得专深的学术著作。可就像《现代中国学术论衡》一样，老人谈文论史，实在是“不修边幅”，信口开河处不少，真知灼见也很多。不严谨，但有自己的见解，可读。尤其是集中前几篇通论中国文学者。

1988 年 1 月 29 日

之十二

为了这本《民国时期总书目》“外国文学”卷，从早上9点逛到下午6点，转了大半个北京城。先是琉璃厂各家书店，其次为王府井新华书店、东单工具书书店、灯市口中国书店东城机关服务部、中华书局和商务印书馆读者服务部、五四书店，到处扑空，最后才灵机一动，跑到文津街书目文献出版社的发行科，把这刚刚出版不久的书买到。这书对我目前的研究工作帮助很大，尽管回到家几乎伸不直腰，可还是挺得意。

每到一家书店，先找这本书；找不到，赶快转移——如此目的明确的“跑书店”，实在没有多少乐趣。随手买下来的三本闲书，也都忘记出自哪家书店，人都给跑糊涂了。

1983年书目文献影印出版刘半农编的《初期白话诗稿》，依据的是1932年星云堂的手稿影印本。书中共收入八家诗二十八首，大都是作者手迹，只有鲁迅那两首诗是周作人代抄的。做诗歌读可以，当书法作品欣赏也可以。除鲁迅诗词、文章手稿70年代影

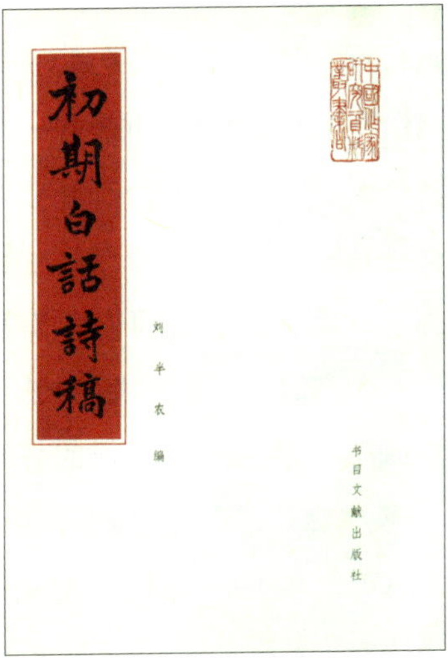

《初期白话诗稿》，刘半农编，书目文献出版社 1983 年影印

印了一大批，如今旧书店里随处可见；其他七家的“墨宝”还不大好找。刘半农称出版此书“只是因为有趣可玩而已”，就好像小孩放学回家喜欢捏泥人，没必要赞赏，也不值得呵责。大约当年在革命者看来，影印此类古色古香的“过去时代”的“旧诗”，是落伍的表现，刘君才有此番辩解。刘半农为此书所写的序言很有名，因其中提及，不到十五年时间，“五四”时代的猛士就被挤成三代以上的古人，这话常被研究者作为时代思潮迅猛发展的例证。实际上刘君当年说这话是带有讥讽意味的，对那些喜欢断言某某作家已经过时、某某著作早就死去的“后起之秀”，刘半农自然不

敢苟同，可也只是冷眼旁观，并未与之直接对抗。知名作家对“未名”作家形成压力，并激起一定程度的反叛，这在文学史上是一条公例。只是在20世纪的中国文坛，这种反叛的频率未免太高，而且反叛者态度格外激烈，大有你死我活的样子。“各领风骚三五天”并非好现象，很可能谁都没有得到充分的发展。

黄裳的文章多可读，此次买到的《银鱼集》和《珠还记幸》以前都曾借来翻过。黄君的书话小品兴味颇浓，不见得深，但有情趣。《珠还记幸》中插入不少文化名人墨迹，自是难得。家中尚藏有黄著《过去的足迹》，是从他以前出版的九本散文集中挑选出来的。其中《题跋一束》自题已作，甚有趣。只是此书不收书话，大概想弄得更像散文集。今人似乎对书话序跋与抒情记事散文的区分过于认真，其实好多书话即是优美的散文。

北京图书馆编《民国时期总书目》，收录1911年至1949年出版的中文图书约十万种，正如叶圣陶在《序》中所说的，是“我国文化界、学术界、出版界的一件大事”，起码为研究这一段文化史提供了很大的方便。编纂者要求书目的著录，都是根据所见图书作出并经过核对的，大部分图书还撰写了提要，工作态度不可谓不认真。可就“外国文学”卷而言，似乎还有几点可以商榷。首先，漏收的篇目不少，这跟编者主要限于北京图书馆、上海图书馆和重庆图书馆所藏图书有关。透过这部目录，出版界的基本面貌是出来了，可对于专业研究者来说还是远远不够。其次编者没能很好利用学术界已有研究成果，包括像阿英编《晚清戏曲小说目》和实藤惠秀监修、谭汝谦主编的《中国译日本书综合目录》这类专业工具书。不少不明国籍不明作者的译作，据此可以查出。编者囿于“民国出版”这一时限，所登录的很可能是隐去作家姓名、国别的重版或盗印本。再次，编者所加注解有误，如第28页《天方夜谭》下注“译者奚若原名伍光建”；个别作品重复登录，如《藕孔避兵录》既入美国部分，又入英国部分。最后，中国人译介域外文学肇始于晚清，若能把这一部分作品一并收入，这卷书的学术价值将更大。而实际上现在所收民初译作，好多初版于清末，截断源流，很难看清20世纪上半叶中国翻译文学的发展趋向。

1988年2月10日

之十三

下午逛隆福寺街，好不容易挤进了旧书店，书也买了好几种，可就是没有惊心动魄的好书。

宋人邓牧的《伯牙琴》（中华书局，1959 年），前有侯外庐介绍邓氏生平思想的序文。全书收文二十九篇、诗四题、续补二则，还有《洞霄宫图志》中《邓文行先生传》等附录。《自序》甚有味，抄录如下："余集诗文若干，名《伯牙琴》。伯牙虽善琴者，钟子期死，终身不复鼓，知琴难也。今世无知者，余独鼓而不已，亦愚哉！然伯牙破琴绝弦，以子期死耳；余未尝遇子期，恶知其死不死也，故复存此。"愤世之中不无通达之处，弃世之时也不乏入世之情。达人知天，智人忘世，看来是很难的。

《霞外捃屑》十卷，清人平步青（1832—1896）撰，1959 年曾由中华书局上海编辑所标点排印，列入"明清笔记丛刊"。1982 年上海古籍出版社重版时重新校勘一遍。此书是笔记中名著，除记朝野掌故外，出入经史，旁及诗文、小说、俗谚，学术价值颇高，屡被征引。书后附有谢国桢著《平景孙事辑》，介绍平氏生平及其他著述，很有用。其中谈及平氏治学特点为：(1)注重近古及近代史之研究；(2)能提出史学上之问题；(3)对于学术分类之研究；(4)对于杂家笔记及小说戏曲之整理；(5)文学主张上要求言之有物，且以盲词俗曲与诗古文辞等类齐观。对我来说，最感兴趣的是其对于小说传奇之研究——以治经史的方法治说部，这在晚清颇有代表性；其次就是其搜集记载的清末时事逸闻——这些完全可以当“闲书”读。

刘成禺、张伯驹的《洪宪纪事诗三种》，李一氓题签，上海古籍出版社1983年初版，1985年第二次印刷。此书几乎每个旧书店都在卖，重印显然是多余的。诗二百余首倒在其次，有价值的是其注。此类“系列”的纪事诗（包括藏书纪事诗），可作为中国人卖弄文墨心态的最佳例证。明明作者、读者都重注而不大重诗，可还是不愿以注为主别创新体。古人这样做情有可原，今人还东施效颦，不免遗老气息太浓了。报载有人续写“藏书纪事诗”，且不无自我陶醉之感，甚觉可笑。在中国，传统的趣味太吸引人了，文人或多或少总难免流连忘返。稍一不慎，即堕入遗老遗少心态。对传统依恋是一回事，一味拟古、复古乃至食古不化是另一回事。我欣赏古董，但讨厌假古董和仿古新建筑。

陶菊隐是老报人，多有以新闻记者之笔墨作历史传记者，自称“旧闻记者”。中华书局1981年版《筹安会“六君子”传》，是借“六君子”写袁世凯复辟事，与《洪宪纪事诗》可互相参证。作者多据野史逸闻，可读性强，但并非严肃的历史著作，与作者自诩的“名实相副”的“近代史参考书”颇有距离。书中涉及严复、林纾、刘师培、黄侃等文化名人，浅尝辄止，且错漏颇多。

河南人民出版社1986年版《汴梁琐记》，含韩德三的《梁园絮语》和陈雨门的《汴梁旧事》二种。同为汴梁（开封）风俗记，前者侧重民国年间的人事风物，如《冯玉祥与开封》《书业春秋》，后者则侧重民间习俗，如《抓周》《冲喜》。这类小书，可读可赏，但文章要雅驯有味。这两种笔墨未称我心。

1988年2月13日

〈 南游书简 〉

小引

过惯了平静的书斋生活，每次出游，总有些新鲜的感觉。希望为日后的回忆与品味留点线索，于是，出游时总不忘带上专门的笔记本。旅途中抽空记上几笔，或言古迹形胜，或述风土人情，更有记录琐事、直抒胸臆者。此类琐谈短语，本不足为外人道也。只因前年春天广州火车站遭劫，丢失了使用多年的旅游日记，猛然间似乎生命缺了一截，懊丧不已。此后若单独出游，便改成以书信代日记。除了一封“童言有忌”外，余者都还安全抵达妻子手中。

今年9月，应邀到河南、湖南转了一圈，会了些新旧朋友，也游了些大小名胜，途中照例信笔涂鸦。回京后随手翻翻，也还有点意思。虽不成文章，毕竟记下了一些有趣的人和事。把私人信件整理发表，不免略有增删；不过还是想尽量保持原貌。至于没有多少可圈可点的经典性“情话”，并非故作道学，或保留隐私权，只因本就不是多愁善感的风流才子。当然，还有以书信代日记的体例限制。

苏轼诗云："人生到处知何似？应似飞鸿踏雪泥。"人生百年，能偶然在雪泥上留指爪的，毕竟微乎其微。飞鸿易老，雪泥难求，那就冒险踏一回吧。

1992 年 10 月 20 日于京西蔚秀园

火车·驴车·胭脂河

刚打了电话，又赶着写信，同屋的晓进问哪儿来那么多话好说，我告诉他是夫人规定的任务，而且也当日记写。今天一进开封宾馆，樊骏一看我身穿牛仔衣，脚踏旅游鞋，还背着一个挺不错的猪皮旅行包，直摇头，说这哪像来参加学术会议，分明是来旅游。这话也没错，会还没开始，我已在开封城里转了一圈。先汇报这两天的行程。

昨天离开北京时，实在太狼狈：下午赶完文章，晚饭后还赶写了六封信，行李全靠你收拾，至今没弄明白带了什么和落下什么。9点钟离开北大，没想到夜里车很快，一个小时就到了火车站。想把硬座票换成卧铺票，在车站外广场转了一圈，没成功。有人在炒票，可一看就不对味，怕弄巧成拙；再说从北京到郑州时间不长，自信能挺住。车站里空气污浊，广场上好些；不过记得前年广州火车站遭劫的教训，皮包不离身。

说好上车后马上登记卧铺，根本没希望，因列车严重超员。

我们就坐在厕所旁边，而且不靠窗户，是夹着过道的两个座位。过道上全塞满人，中途下的少上的多，车厢越来越挤。厕所是“门虽设而常关”，很少有人能够冲过道道封锁线，像莫须有先生那样“脚踏双砖之上，悠然见南山”。车窗紧闭，周围又竖起几根吞云吐雾的“烟囱”，憋得透不过气来。同是不眠人，不忍（也没权利）表示抗议；听着过道上站着、蹲着的“烟民”高谈阔论，心里反倒有点儿羡慕。十年前上京，硬座来硬座去，一点儿不感觉累；如今才一个晚上，就有点顶不住，真不好意思。不过，比起几年前的镜泊湖之行，还是强些。天一亮，打开车窗，感觉就好多了。到下车时，又能蹦蹦跳跳了。

河南大学派人在郑州接站，再用汽车把先后到达的代表聚起来送往开封。从郑州到古城开封，汽车得走一个半小时。我已完全恢复，能观风景了。路两边全是农田、农舍，还有田间的小树林。刚好下着小雨，灰蒙蒙的，一切都显得那么和谐，柔情脉脉，可又有点忧郁，特像柯罗笔下的田园风光。我明白这种诗情画意的代价，如此宁静的田园，如此简陋的路边小店，还有柏油路上的马车、驴车，都明白无误地显示这片中原大地的经济状况。诗人和环境保护主义者倘若换一种眼光，站在当地百姓的立场来思考问题，可能也会认同这句不得已的口号：“发展是第一位的”——能够啸傲山水安贫乐道的隐士毕竟不多。

细雨蒙蒙，路上车辆行人稀少，突然我被前面一个小场景吸引住了。马路上跑着一辆毛驴拉着的二轮小车，车顶挂着一块挡雨的白帆布，比咱们上次在吐鲁番乘的那辆毛驴车，还小巧玲珑。车上坐着一男一女，男的驾车脸朝前，女的抱娃娃脸朝后，一颠一颠地“雨中行”。很可能是小两口回娘家，不过无法实证。不说这小两口（？）如何怡然自得，就连那挂着铃铛的小毛驴也不紧不慢，根本不把奔驰而过的汽车放在眼里。真好玩。你考虑一下，是不是咱们也买一头小毛驴，这样进城方便多了。

在开封宾馆吃午饭时已是下午1点半。别的没什么，就有一道小菜味道挺奇特，以为是春茶加蒜头腌制而成。后来才打听清楚，原是春天柳树刚发芽时摘下芽尖和嫩叶，晒干贮藏起来，食用时用开水泡开，再加各种调料搅拌而成。很想弄点回去给你尝尝，可当地人说此乃土产，只供家居食用，市面上没有出售，真可惜。不知道《山家清供》《野菜赞》《随园食单》上有没有记载，反正我有点少见多怪，暗地里为其命名：“月上柳梢头”。

午饭后，洗过澡，又精神起来了。约上老钱，请解志熙带路，逛书店去了。先走“畅销书店”，可惜店里好的书我都有，我没有的书又都看不上眼。看着老板跑前跑后盛情接待，实在有点过意不去，好在老钱买了一大摞，要不我可就得花冤枉钱了。又转到“古籍书店”，店面很小，且冷冷清清。我挑了好几种旧版书，挺便宜的，如《全唐文纪事》三册精装才十四元；还买了俞樾的《诸子平议》和王先谦的《诗三家义集疏》等。近年有意搜集晚清学者的著述，只是起步晚了点，好些书北京已售缺，倒是外地能找到。不过，相对于我心目中的文化古城，开封的书店还是令人失望。宋人孟元老《东京梦华录》中记载“相国寺内万姓交易”，交易的项目已经包括书籍图画；前些年咱们买的近人所撰《汴梁琐记》，也有一节专记开封的书业春秋，何以今日寥落至此？

晚饭后散步，发现我们竟然住在“胭脂河”旁边。未见粉红色的小河，只有一块路牌，不过已足以让人浮想联翩。此地远离皇宫，染红河水的胭脂不可能出自宫女，大概此处原为“红灯区”。众人互相取笑，不知今夜有无宋装的青楼女子入梦来。只有晓进丝毫不为所动，说是开封姑娘不敢恭维——他很迷信他们扬州出美女。

刚刚出席冷餐会回来，赶着把信续写完。才 10 点半，可已经困了。明天再聊吧。

9 月 14 日晚 10 点半

附言：注意看我留在桌子上的纸条，上面写明注意事项。别忘了“照此办理”。

铁塔·矾楼·相国寺

昨夜无梦。

吃过早饭，乘车到河南大学校园，出席“19—20世纪中国文学思潮”讨论会的开幕式。我和老钱坐在角落，只顾研究主席台上众神仙的西装和神态，挺有趣。诸多老生常谈没入耳，倒是河大校长介绍孟子的游梁祠，引起我的注意。会后表示希望探访先圣遗迹，被告知现是一工厂后院，无法参观。校长又引梁惠王见孟子时谈话：“叟不远千里而来，亦将有以利吾国乎？”接着发挥一通诸位专家远道而来敬请指教云云。话说得挺得体，也挺顺畅，说完率先大笑——果然诸位“远来的和尚”交口称赞校长的口才和风度。

接着是大会发言，听了十分钟，便退场“方便方便”，顺带观赏校园去了。最近河大庆祝建校八十周年，校园收拾得挺漂亮。这里的建筑物有点像北大，都是琉璃瓦、大屋顶。只是不知前清的河南大学堂与如今的河南大学有没有瓜葛。记得1902年清廷命各省设大学堂，江苏、浙江和河南率先响应。大概我的考证有误，如今搞校庆，八竿子打不着的都不放过，不会放着这门高亲不攀。河大中文系的办公楼挺宽敞，资料室藏书也不比北大中文系少，何况他们各教研室还有自己的藏书。我发现别的大学都憋着劲追北大，资金、人才重点倾斜在某些有希望的学科；只有北大老大自居，没有紧迫感。只是此事咱们管不了，免操这份心。

下午先后游览铁塔公园、龙亭公园、禹王台和相国寺四处，据说开封名胜古迹“唯此为大”。铁塔建于北宋皇祐元年（1049），八角十三层，只因外砌褐色琉璃砖，显得厚实凝重，远看似铁铸而成，故俗称铁塔。我和老钱、晓进率先购票登塔（每位两元），以后陆续有人跟着上当。塔内光线不好，壁上的飞天、伎乐和佛像看不大清楚，只得寄希望于登高望远。楼梯窄，台阶高，不时峰回路转；正气喘吁吁，发现打先锋的晓进停步不前，怎么催也不走。原来已经快爬到最高层了，可一男一女正坐在顶层窗口亲热，空间本就不大，更何况俩人扭在一起，旁人根本无法凑过去看风景。老钱咳嗽两声，对方旁若无人。没办法，只好退让，说来人家也没违反交通规则。只苦了我们，爬了大半天，连在窗口俯瞰一下开封城的权利也给剥夺了，真想找守门的老太太退票。上去时并不觉得怎么累，可下来后两条腿不听话，走起路来像跳迪斯科，老钱的姿势尤其优美。

龙亭建于宋、金王府遗址，清初修的万寿宫如今只剩正殿。

正殿矗立于一巨大的砖砌台基之上，四周像一般皇宫或寺院道观一样涂上凝重的绛红色，若夕阳西下，此处定很壮观。可惜来的不是时候，丽日中天，使得周围各式仿古新建筑显得特假。大殿前为一清一浊的杨家湖和潘家湖，如今湖水相通，清浊一色，预示着世上再没清官、贪官之分了。诸位学者站在湖边，开始争论起潘、杨二湖的由来以及民间传说的起源，我开玩笑说是“职业病”发作。

禹王台上无甚可观，从壁画到建筑，全属今人的想象，过五百年后再来游览，也许还值得。

对了，中间还经过宋都御街，停车让大家参观半小时。我最欣赏的是各式牌匾和楹联，甚为古雅，后来才知道全取自宋史记载。大概现代人即使有意仿古，也很难达到那种亦俗亦雅的境界，那确实需要时间长河的洗涤与浸染。商店里卖的其实全是日用百货，就是建筑和牌匾有意思。如“东京镖局”大牌匾下，注明“开封保安器材公司”；各式钱庄、当铺、酒楼的大牌匾下，也都有说明营业性质的小招牌。后者纯属多余，且大煞风景。既想仿古，又怕乱真，真真岂有此理。最有意思的是融吃喝玩乐为一体的矾楼。据说此三楼等高、五楼相向且相通的布局，确有所本；只是再三强调李师师与风流皇帝的幽会，则未免近乎恶俗。记得《水浒传》写那“歌舞神仙女，风流花月魁”的李师师，并非住在矾楼；宋江等人找“和今上打得火热的”李师师“走后门”，因皇上从地道钻出来而仓皇出走，来到鼓乐喧天笙歌聒耳的矾楼。不知什么时候，颇为清高的李师师也搬到热闹场中来营生了。矾楼还设有仿宋古典式客房，“并有宋装侍女提供服务”。我在寻找地道出口，因时间太短而没能成功；问服务员又“不知所云”。

赶到北齐年间建造的相国寺，已近黄昏。这座有一千五百年历史的大寺，如今香火不盛。不知是身居闹市，故游人如蚁而信徒无多呢；还是历遭兵祸战火，元气大伤。反正我走进寺院大门，体会不到佛教的庄严与神圣，最多只觉得是个清幽去处。寺里正大兴土木，几年后你再来可能更成“旅游胜地”。相国寺里花草树木不少，可就没有垂杨柳。你要我折一枝鲁智深倒拔的垂杨柳回去，看来无法完成任务。本想在路旁湖边随便折一枝，又怕犯“欺君瞒上”之罪。

9 月 15 日傍晚

会馆·城墙·小野花

上午逃会，和晓进出去逛大街。先到相国寺前商场转一圈，净卖广州、上海货，没意思。折入寺后街，在好多不知名的小巷里转悠，观看平民百姓的生活场景。小巷深处，才是生活的本来面目。大概游人很少至此观光，居然引起住户的关注，不好意思久留。懒得问路，走到巷尽处，再看手中的小地图，反正开封城不大。终于转至书市街（“好温馨的名字！”），来到今天探访的第一处景观：“山陕甘会馆”。

此会馆乃清初寓汴的山西、陕西、甘肃三省富商醵资修建，整个建筑布满表现佛教故事、小说戏曲人物的砖雕和木雕，只是大都悬于高处，观看不便。会馆中现有“清明上河图”的木雕模型展览（又收一次钱），制作者花了很大功夫，可效果并不佳。把国画制成沙盘加木雕，过求形似，忽略了不同艺术形式之间的不可转换，国画的长处于是成了木雕的短处。

又转回宋都御街。昨天时间短无法细看，今天从头到尾，把这四百米御街五十家店铺挨个儿走了一遍。只可惜可看的不多，可买的更少，只好委屈你了。

下午获准带芦田肇在城里观光，这回是公差，不算逃会。先到元太宗五年为纪念全真教创始人王喆而修建的延庆观。那里正在翻修，垒着好多破旧的砖瓦，想给你弄一块“准文物”，无从下手。那坐北朝南、通体不见梁檩的玉皇阁，自然不敢乱动；散在地下的砖瓦，难以判断准确年代，但实在未见精彩，不值得为它冒险。芦田用摄像机从各个角度拍玉皇阁，守门的（并非道士）走过来询问这机子的牌号、功能和价钱等，弄得芦田很不好意思。

沿着植满垂柳的包公湖，转到新建的包公祠。雨越下越大，只好在祠里多待一会儿，权当躲雨。祠里除了几张拓片和几本假古书，余者多不足观。为了表彰包公的清廉，世人为其修祠立像；可包公塑像前面，摆一大钱箱，以引诱信徒捐款，主事者还故意把美元、外汇券和大面额的人民币贴着玻璃板。老包地下有知，不知作何感想！

又沿湖边，转到开封市博物馆。守门的问“是看展览还是买家具”；看展览要买门票，我们自然就变成了“逛家具展销会”的了。一楼摆满挺精致的佛像和碑刻，游客寥寥；三楼、四楼的家具生意似乎挺红火——起码是人声鼎沸，在佛像展厅里都能隐约听到讨价还价的声音。

今天最得意的是找到了废弃多年的旧城墙，并冒着生命危险在城墙上走了一两公里。出博物馆，南行一千米，就是古城的西南门。门早不在，可墙并没毁。正叹无路可上，拨开乱草，依稀有一小径，于是手脚并用，很快就登上了昔日的城墙。城墙高约十米、底基宽约二十米，有些地方用砖砌，大部分则是用土夯（或许以前有砖，后被拆去移作他用）。城墙两边十几米外就是公路，紧靠着城墙的则是农家菜园或废品仓库。城墙年久失修(没被拆掉已是万幸)，上面长满野花和小草，宽处可骑自行车，窄处无法立足。面对此老态龙钟风烛残年的古城墙，自然而然地会涌出一种沧桑感。此处没被辟为旅游区，故还有许多原生态的情和景，包括世俗生活对历史文化的无情但坚定的侵蚀。日后辟为公园，一切都收拾得干干净净，再加一个牛头不对马嘴的“说明”，这古城墙也就彻底地完了。趁着它还有生命还有感觉，我建议你早日光临。

城墙上并没有路，只好拨开乱草，深一脚浅一脚地往前挪。芦田提着摄像机，步履更艰难；只要他稍能立足，当即就开拍。我也客串了一回旅游节目的主持人，只是脚下不稳，不可能妙语连珠。回去让你欣赏你丈夫的精彩表演，准把你吓一跳。

噢，忘了告诉你，刚上城墙，我就发现这里长满一种不知名的小黄花，挺可爱的。于是采了几枝，插在上衣口袋里。快到大南门时，路彻底断了，前面立起一堵围墙，只好“打道回府”。回到开封宾馆，才发现自己居然戴着小黄花招摇过市！不过你放心，你丈夫虽有“拈花惹草”的虚名，至今未有任何艳遇。

9 月 16 日夜晚

文学史·小吃·乡下人

昨天傍晚，会议主持人找我，命我今天发言。你知道我不喜欢表演，大庭广众中高谈阔论非我所长；可又担不起蔑视东道主和破坏会议成功的罪责，只好硬着头皮上。本想昨晚好好准备一下，可接连来了四批客人，再加给你写信，根本没时间。半夜里惊醒过来，略为清理了一下思路。大清早起来，又把发下来的《19—20世纪中国文学思潮史》稍微翻阅，然后就披挂上阵。

好在这几年一直关注文学史理论，有些自己的想法；再加上不怯场，讲开了便忘乎所以顺流而下。走下讲台时没多大把握，可刚落座，就见坐在对面的王信朝我跷大拇指，这下子才松了一口气。事后樊骏、老钱、晓明等人都对我的发言大加赞赏，颇让我"受宠若惊"。只是对已出版的思潮史主要谈问题，且多做引申发挥，就怕主人不大高兴。人总是希望听好话，我又不是很容易说好话的人；好在私心以为还算"与人为善"，是补天而非拆台。

今天的大会发言气氛热烈。老钱大谈"真正的历史学家"，相当悲壮，博得满堂彩。另一位朋友发言，则真正做到“惊心动魄”，因他为了加强语气，不时敲打桌子。他大概没想到扩音器里传出的急剧且猛烈的敲打声竟如此吓人，心脏不好的先生很可能受不了。我发现一个好玩的细节，他手指一动，全场人肩膀便一耸，没人再敢对他的发言掉以轻心或打瞌睡——不过大家关注的似乎是他的手而不是他的口。

晚饭后照样出来逛街。我的猜测没错，此处原是有名的“红灯区”。如今讲“精神文明”，这一带又改成专售各式小吃的夜市。难怪古人讲“食色性也”，人类这两种最基本的需求，原来可以互相补充互相转换。几十辆制作各式小吃的货车一字排开，货主争相吆喝，场面颇壮观。也想尝一两种，就怕不卫生——这都是现代都市人的臭毛病，当初在乡下就没这么多讲究，不也活得挺好？如今无此勇气，瞪着那桶万能的洗碗水，食欲顿消。

送走最后一批客人，已经是夜里11点。草草把这封信结束，准备躺在床上与晓进讨论“乡下人做学问”这个有趣的题目。几年前你写文章谈大家闺秀与小家碧玉，也接触此问题。“贵族气”或“大家闺秀”作为一种精神气质，都不是一两代人就能培养出来的。同样，大学者的气度、见识与胸襟，也有赖于其幼年的生活环境。有苦学而成名的学者；但很难设想一个往来尽白丁的家庭，能培养出通古今之变成一家之言的“大儒”。乡下人读书刻苦，有灵性，可往往发展到了某一阶段就停滞不前，明知还应该（似乎也能够）更上一层楼，就是缺一口气，上不来。晓进这方面反省挺深刻，我也算半个乡下人，深知这里面的甘苦。等我们好好“研究研究”，回去让你这城里人开开眼界。

9月17日夜里11点10分

少林寺·中岳庙·嵩阳书院

今早6点半开饭，7点准时出发，一个半小时后到达郑州。车子开到市委找人带路，说是这样可以节省时间和经费。郑州市委大厅正面是巨幅毛泽东画像，两厢是毛泽东手书诗词（好在不是“有几个苍蝇嗡嗡叫”或“不须放屁”），难得还有此种场景。

车出郑州，似步步高。出大太阳，两边景色，不若雨中开封路那么美。不过，河南农村田间树多，感觉还是不错。路边有一用石灰刷成的大标语：“刘源省长说：乱砍乱伐是一种犯罪！”以地方长官的语录为永久性标语，我还是第一次见到。11点，车到少林寺，路边一标语又让我哑然失笑：“只生一个好！”此处有居民，故计划生育口号见缝插针。贴标语喊口号，本是一种极为严肃的政治行为；可一旦流于形式或错位，很容易产生喜剧性效果。相声、小品以至王朔的小说，之所以喜欢拿政治口号开玩笑，就因为在中国，贴标语喊口号这一行为与标语口号的内涵本身很大程度上已经分离（这一点哈维尔的《无权者的权力》中有精彩的解释）。

先参观塔林。塔林在少林寺以西几百米处，有唐至清中叶历代高僧墓塔两百多座。据说，塔的级数（一至七级）是由塔主的功德、弟子和财产（或者说对寺庙的物质贡献）决定的。看来西天佛土也重等级，也讲资产，《西游记》中的挖苦并非空穴来风。我和老钱只顾照相，过了约定上车的时间。匆匆跑去，只见樊骏坐在车上，居高临下且横眉冷对，训斥我等不守纪律。约好逛少林寺时提前两分钟回来，以便“报一箭之仇”；没想到擅长“走马观花”的樊大人，还是走在我们前面！

少林寺建寺至今已有一千五百年，可主要不以高僧而以护寺的武僧名扬四海，可谓“本末倒置”。前些天刚在此开过“92’国际少林武术节”，从郑州开车过来，一路上尽是“以武会友”的大标语。我可真的是小心翼翼，不敢乱说乱动，生怕得罪哪路神仙或武林高手（另外，据说近日郑州开小偷全国理事会，名目是“加强横向联系增产增收”之类，不知是真是假，反正那帮朋友也不是好惹的）。少林寺中游人如蚁，难得有机会停下来品味品味。就连毗卢殿中的“站桩坑”（常在电影中出现的古代寺僧练拳习武时的脚坑遗迹），以及白衣殿中绘有少林武术“锤（拳）谱”的壁画，也都无法细细端详。好在到此主要是感受氛围，有关资料在京不难搜寻。

少林寺西北二公里处有初祖庵和达摩洞，可乘缆车上山，只是我们的时间来不及了。同行的人多表遗憾，我倒无所谓，反正将来还得陪你来游览，总得留点悬念。不过，嵩山七十二峰，各景区之间距离好远，单独游玩还是有点不便。

午饭开在登封县委招待所，菜色花样很多，加上时已过午，饥肠辘辘，顾不得斯文，当即“大战三百回合”。

饭后赶往中岳庙，已是2点40分。据说此庙乃中国最早的道教庙宇之一，始建于秦，中间屡有变迁，唐中叶后定于现址，现仍存四百余间殿宇。此虽为道教协会所在地，也卖各式佛像，可见中国宗教之善于“和平共处”。看中了一尊骨制的弥勒佛造像，要价十八元，还价十元，成交。买卖双方均面无愧色，只因此等旅游胜地，佛道神仙全都卷入商品经济大潮，无所谓罪过不罪过。弥勒佛造像很像老钱，于是怂恿他也买了一尊。路遇同人，问有何收获，答曰“请了一个老钱”，并出示佛像，众皆拍手称善。

在古神库与铁将军携手合影，又转到“游人免进”的后院东张西望，想一睹老道丰采，可只见几位俗家子弟在洗菜刷碗，遂兴趣索然。出山门，见两位老太太坐在墙边兜售自制的小工艺品。其中一位很像我的祖母，挺慈祥的，满头银发，阳光下眯着眼睛给布老虎上彩。一瞬间我非常感动，或许是游子思乡之情发作，当即买了一个油彩未干的布老虎，并和老太太攀谈了几句。

车在嵩阳书院只能停四十分钟，还记得那副“海纳百川有容乃大，壁立千仞无欲则刚”的名联吧？就立在此书院的道统祠。

只可惜人去楼空，二程遗风荡然无存。倒是那两棵阅尽沧桑的汉封将军柏令我肃然起敬，绕树三匝，唯有沉默能够表达这种深深的敬畏。导游小姐原是中学教师，对书院挺有感情，为了强调嵩阳书院在宋代的威望，说是“就像现在的清华大学”。我听了大不以为然。嵩阳书院诸大儒所讲授的“理学”与清华大学注重的“工学”相去实在太远了。

4点半离开嵩阳书院，赶到洛阳时天已黑。晚饭后等会务组来收房费，不好出去乱逛。随便写几句话寄给你，故意用各地旅店的信封和笺纸，也算是到此一游的纪念。

9月18日晚10时30分斜靠在床上写毕

雨中龙门·自助餐·白马寺

昨晚写完信，放在楼下服务台，说是上午邮局来送报纸时取走，因附近没有邮筒。服务员把信压在玻璃板下，同行的人都知道你过两天将收到汇报信。好在这些人对你都有所了解，不会见怪。

一场秋雨，一层凉意，幸亏你提醒我带了线衣和雨伞，要不今天可就麻烦了。老钱叫冷，晓进没雨具，只有我稳坐钓鱼台。

早饭时刚好跟黄修己、刘中树坐在一起，两人提起我的《书里书外》，都说有味道，可又都略表遗憾。刘说文章不像我这样年纪的人所写，更像出自某位饱经沧桑的老先生之手；黄说他能理解我笔下北京秋天落叶的韵味，可他更欣赏广州的朝气。我明白这里的差距，自我解嘲道："二位先生年纪都比我大，可心态比我年轻；我属于过去，你们属于未来。"十年前我从中大到北大，黄从北大到中大，似乎各得其所。北京适合于翻书，怀古，迈四方步，悠闲地品味人生；广州则生活，做梦，进取，忙乱地追赶潮流。孰优孰劣，一时很难分清，只能求性之所近。总的来说，随着工商社会的逼近，北京人的闲散以及书香，也将成为“千古绝唱”。咱们会成为最后一代嗜书如命不求闻达的“读书人”吗？但愿不会。

早饭后，雨仍下个不停，不能再等了，8点半开车。出洛阳往城南二十几里，便是龙门石窟。记得顾颉刚的《辛未访古日记》，述其30年代初访龙门，须武士持枪护卫，因“遍地英雄”，动辄得咎。现在好多了，旅游业大为发达，到此一游绝无生命危险。只是历经天灾人祸，想来古物所剩无多。

打开车窗，为的是一睹山光水色；雨丝抽打进来，又撑起了雨伞。伊水在望，两边石窟隐约可见，众人开始争论是否冒雨游览，我和老钱是死硬派，雨再大也得游。车一停下，带上晓进，开始往前冲；找到售货亭，再买一把伞，活动才自由些。雨越下越大，不少人浑身淋湿了；我还好，只是鞋袜浸透了，一踩一摊水。回到车上，发现好几位先生一直待在车上“讨论学术”，有的是对游玩历来不感兴趣，有的是家乡不缺佛像和石窟，有的是准备出国讲学不敢感冒。倒是樊骏一反常态，撑一把雨伞独自慢悠悠地游。你还记得那年在敦煌鸣沙山，他在山下休息，不愿随众人白费力气爬山吗？如今可是大有长进。还有兰州来的支克坚，腿不方便，一步一步往上挪，下来时更是步履艰难，还是老钱搀扶着他。

雨中游龙门，别有一番滋味。人不多，可从容玩味；但碍于雨伞，难得有放眼望去的机会。这样必然局部细读多，大处着眼少。雨水洗去平日尘埃，周围多雾气，故显得朦胧缥缈；似乎展现在眼前的不是现实世界，颇有点走进历史深处的感觉。伊水对面的香山相对遥远起来，模糊确实能产生美感。设想丽日中天，龙门山水一览无余，大概不会如此令人心醉。这也算塞翁失马因祸得福吧？

雨忽大忽小，脚步也就忽紧忽慢。在奉先寺大卢舍那佛像前，拍了几张照，估计效果好不了，只是表明到此一游而已。此佛像通高十七米多，建于7世纪中叶，是龙门石窟中规模最大且较为精美者，只可惜没有手腕。据说此佛手腕现在大英博物馆，足有两吨重。佛像龛左胁弟子像的“花岗岩脑袋”被红卫兵“砸烂”了，不过很费力，故“破四旧”无法彻底，如今还能发展旅游业。

不甘心随人群流动，自己乱闯，终于找到这里最早开凿的古阳洞。此洞的飞天固然精美，但最有名的还是其碑刻。“龙门二十品”，此洞占了十九。平日里欣赏揣摩，到了眼前反而看不清。不让进洞，壁上的北魏精灵无缘相会，昏暗的光线中只隐约见到几处拓印时留下的墨迹。

游完石窟，想买点纪念品。看中一尊小佛像，约三十厘米高，青石凿成，挺古朴庄重，不像是现代人的仿作。卖主含糊其词，只说是出自此山；开口要五百八十元，而且不让价。实在无此财力，只好割爱。

中午11点，赶到洛阳师专。先是参观其壁画工艺研究室制作的唐三彩壁饰和挂盘，我买了三种，一逐日、一奔月、一戏曲人物挂盘，都是半虚半实的夸张变形。后赴师专校长设的“午宴”——

从各学生食堂调来五六十种主食和蔬菜，弄成自助餐。校长称这里的学生伙食在全国高校很有名，学生每月花40元就能吃得不错，这回请诸位教授体验一下学生生活云云，话说得非常得体。这主意不错，学校节省经费，来宾也觉得新鲜。没有人敢拒绝与学生同甘共苦，再说偶尔来顿以素代荤，就像写诗作文的以俗为雅一样，也别有风味。

大约下午1点半，车子开到白马寺。此寺乃佛教传入中国后修建的第一座寺院，至今已有一千九百多年历史。“文革”期间，寺庙损失惨重，僧人全数扫地出门，相传为摄摩腾、竺法兰二高僧带来的三十余片贝叶经也被焚毁。如今虽修整一新，香火颇盛，佛像实多为重塑，大雄殿内十八罗汉，也是从北京某寺请去。倒是这里的法物流通处不错，我买到了弘一法师的《律学要略》和丰子恺画、弘一法师书的《护生画集》一、二集合订本。李叔同出家后著述未见辑录，每逛寺院，必着意搜求。十年下来，觅得十余种各寺院刊行的弘一法师著作，大为快意。

雨仍下个不停，离开白马寺赶往郑州的路上，车顶漏水，撑起雨伞也抵挡不住，只好东躲西避。6点半车到郑州，住在工学院办的旅店。纸没了，别人也都睡了，就此打住吧。

9月19日夜里11点半

窗外仍有雨声，真不知明天如何游览！

整理附记：

几年前曾在潮州开元寺觅得《护生画选集》，收书画五十幅，后附李园净的《护生痛言》和朱幼兰的《丰老与〈护生画集〉》。后者曾列丰氏门墙，且为《护生画集》第四、第六册题书，由其著文介绍此书流传之盛况，甚有价值。只是谈佛家护生，非要扯上生态平衡、进化论以及联合国之保护动物，则未免近于蛇足。此次购得的一、二集合订本，收书画一百一十幅，可惜每幅书画分开印刷，且删去不少弘一的印鉴，不若选集本之一气呵成（或许各有所本也未可知）。好在初集后有弘一法师为回向所书二偈，可见其“创作意图”：“我依画意，为白话诗；意在导俗，不尚文词。普愿众生，承斯功德；同发菩提，往生乐国。”二集后也有其题词：“己卯秋晚，《续护生画》绘就。余以衰病，未能为之补题。勉力书写，聊存遗念可耳。”丰氏绘护生画，本为弘一法师祝寿，五十岁献五十幅，六十岁献六十幅。法师希望依此类推，百岁诞辰时作第六集共百幅，“护生画功德于此圆满”。丰氏似有预感，于1965年提前四年完成《护生画集》第五集的编绘，此后因政治风云突变及人寿所限，第六集便成广陵散。护生功德于是未能圆满，殊为可惜。至于何必如此斥妄戒杀、劝善护生，马一浮为初集写的序言中有精彩的说明：“故知生则知画矣；知画则知心矣；知护生则知护心矣；吾愿读是画者，善护其心！”每念及此，总为护生画作者之慈悲、回向以及诗情画意所深深感动。

商战 · 黄河 ·《吉本自传》

现在是22日上午8点10分，9点钟开会，先匆匆写几句，早上把信寄走。今晚准备与你通电话，已请赵园代为预告，大概你会恭候吧？这里先讲几件好玩的小事，作为今晚电话内容的注释。

前天早上在郑州通过电话，准备把信发走，没想到十分困难。旅店门口没邮箱，在火车站转车时问民警，说是左拐右拐有邮局，可就是找不到。问路边一男士，反被追问去不去少林寺；再问邮局，再答少林寺。走几步请教一女士，答曰安阳；再问邮局，再答安阳。全是拉客旅游的，故金口难开。此地人经过一场商战（年初中央电视台以《商战》为题做过系列报道），深知信息的“价值”，绝不多说一句话。我在旅店里买了一张郑州交通图，一半以上篇幅是各厂家的广告，美其名曰“经济信息地图”；真不知道有几位旅客关心其介绍的高低压配电柜的性能或者环氧树脂系列的质量，反正厂家见缝插针，不愁你不掉进商品经济的汪洋大海。这里除公共汽车外，还有价格较昂的小巴；售票员多为毛头小伙子，下车拉客真动手脚，吓得一老者直往后退。小巴的售票员号称提供问询服务，可当我们问及沿途何处有书店时，竟哑然。后来自己摸路，才知道单文化路就有八九家小书店，而全市最大的新华书店就在华联商厦隔壁，这些全在小巴经过的路上。当地人似乎太以亚细亚、华联和商城大厦为荣，谈起来口沫横飞。

在火车站换乘私营小巴到黄河游览区，路程三十公里，收费两元，实在不贵。只是车行路上，不断收客，挤得像肉罐头，即便翻车也准保没有生命危险。雨仍在下，黄河边灰蒙蒙，男女骑手“扬鞭策马”夹着小巴跑前跑后。车一停，骑手一拥而上，招客骑马上山。我们更欣赏自己的腿，雨中登山，别有趣味。在前些年修建的“黄河之母”塑像前，老钱、吴福辉和晓进全拍了照，就我不感兴趣。站在山巅的小亭，北望黄河，莽苍苍。四山环抱，前方是土黄色的河水，右边是一线大桥，人整个融合在山光水色中，感觉甚好。

黄河游览区正筹建炎黄二帝塑像和陵墓，鼓励各界人士捐款，允诺为善男信女勒石为铭。筹备处摆着几十块石碑作为示范，捐款者有企业也有个人，碑上注明所捐款项，钱多者碑大字也大。只有陈云、薄一波的题词例外，没注明捐款数目。另外，说明书上只提及为捐款者立碑，没说把碑立在什么地方；可这其实很要紧。同一块碑，立在庙前庙后效果当然大不一样。

回到旅店，稍事休息，又赶往二七广场，逛新华书店和几大商场。商场只在楼下走走，观看那准备奖给“幸运顾客”的奥迪牌小轿车；书店则是登堂入室，不敢走马观花。最得意的是买到上海书店影印的《章太炎先生自定年谱》，咱们家藏有排印本，这次买的是初稿和清稿的手迹影印本。年来有意收集章氏论学文字的手迹，先后觅得《訄书原刻手写底本》、《章太炎先生学术论著手迹选》、《章炳麟论学集》和《章太炎先生家书》等，如今又添一《自定年谱》，岂不快哉！闻知三联书店郑州分销店就在我们住的旅店附近，自然是“不敢沽名学霸王”。挑了《吉本自传》、《章炳麟》（咱们收藏的《许寿裳文录》只录此书的第三章）等，赶回旅店刚好6点，众人正迫不及待地准备开饭。

8点钟离开旅店，乘开往长沙的257次列车。车票不好买，众人分散在各车厢。反正周围没熟人，不必应酬，独自翻读《吉本自传》。昨天早上起来，继续追踪吉本的学术道路，居然把这部三百多页的回忆录全读完。作者记录其完成《罗马帝国衰亡史》这部巨著时的欢悦与自豪，以及随之而来的忧郁：“因为我想到，我同一个事事听我做主的老伙伴永远分手了。”每个认真劳作过的学者都会有类似的体验。我更感兴趣的是，书中多次述及作者为寻求一种最合适的著述文体而上下求索：“我做了多次试验，然后才有可能在呆板的记事体和夸饰的论辩体之间选定一种适中的笔调。”两百年来，史学家吉本的文笔不断受到赞赏，在文学史上也

《吉本自传》，（英）吉本著，戴子钦译，
生活·读书·新知三联书店 1989 年

占有崇高的地位。此类兼擅文、学，讲究论学文体的学者，在中国古代并不罕见。直到本世纪初的章太炎、梁启超、章士钊、胡适等，都相当注重论学的文体。而如今的学者为文，多大有可议，或一味逞才使气，或过分冗沓枝蔓，能做到“辞达而已”已经不错了，往往谈不上文章的韵味与气势。并非提倡文学化或搔首弄姿的学术论文；若吉本文笔之简洁、精确、优雅、平易，就既适合于述学，又有独立的欣赏价值。当然，这不容易做到，我也只是“心向往之”。

昨天列车晚点，下午1点半才到达长沙。住进湖南宾馆的

844号房间，洗过澡，开始连轴转地聊天。庆西真能侃，凌晨1点多，我辈高挂免战牌，他才悻悻然收兵回营。

早上起来直犯困——开会了，就写到这里，晚上电话里再聊。

9月22日上午

厚被子·水风井·岳麓书院

这两天忙得一塌糊涂，老有人来聊天，没能准时写信。现在是24日晚饭后，先赶写一段，夜里客散后补完，明早出发前把信寄出。

22日早上举行会议开幕式，一切都仪式化，像所有的开幕式一样乏善可陈。好在时间不长，10点就结束了。我提议逛书店，由罗成琰带路，穿过省委大院，赶到长沙最大的新华书店。记得几年前我在《书里书外》中提及没能买到《周作人回忆录》，长沙有位不相识的读者替我找了一本，故对此地书肆寄予很大希望。可惜书虽不少（正碰上“万种新书大展销”），没有一本想买，特价书白送我都不要。老钱和赵园各买了一套三联书店刚出版的《北京乎》，准备千里迢迢背回北京，大概是不忍空手而归吧？

下午开始正式讨论，吴福辉、朱晓进和费振钟各自就其研究课题介绍设想和思路。众人发言热烈，可以感觉到北大出身的学者路数与众不同。晚上观看《与狼共舞》的录像，片子拍得挺漂亮，我很喜欢。站在印第安人的角度来观察、评价白人与印第安人的关系，对现代文明的“侵略性”多有批评，这种反主流文化的思考在中国尚未被广泛接受。倘若接受，是否会引起民族争斗与社会动荡，不得而知。不过这一关迟早总要过。

这两天长沙气温高达25摄氏度，宾馆里却全是砖头厚的大被子。住宿者成群结队恭请服务员换成毯子或薄被，小姐们根本不予考虑。面对这些“高贵且冷漠”的面孔，你充分体会到什么叫“官家气象”。夜里盖被子太热，不盖则太凉，只好拉开窗户睡觉。没想到窗外那一湖秋水还真厉害，一夜之间就把我们泡倒了——我头痛发烧，晓进拉肚子。23日上午的会议我只参加了10分钟，就回房间睡觉。

下午3点钟起床，感觉稍好些。反正吃过药迷迷糊糊，无法进行学术讨论，干脆独自上街逛书店去——魏晋人服药后不也需要“行散”吗？出门乘3路车到五一广场（中国街道广场名称最富政治色彩），拐入黄兴路，再转中山路（每个大城市都有中山路；幸亏共产党取得政权后规定不以领导人名字为街道命名，要不几十年间不知道要换多少次路牌），来到古籍书店所在的水风井（这名字有诗意）。在书店翻箱倒柜（真的如此！）折腾了好一阵，也只买到明人冯从吾的《关学编》、清人赵翼的《廿二史札记》、杭世骏的《订讹类编》、周城的《宋东京考》、《曾国藩全集》（家书一、二），以及近人黄远庸的《远生遗著》、李景星的《四史评议》、刘汝霖的《东晋南北朝学术编年》和王献唐的《双行精舍书跋辑存》等。其中有的是配套（如王献唐的书），有的是补遗（如刘汝霖的书），有的是不忍其被冷落故意买重（如赵翼的书），只有《关学编》以前从未注意到，是第一次相识。

回宾馆路上，见一幕有趣的“街景”，很能体现湖南人特点。一男一女因上下公共汽车争执，才对骂一句，当即拉开阵势准备过拳脚。司机暂不开车，乘客让出空间，就在公共汽车上，你一拳我一脚，无伤大雅地“以武会友”。十几个回合下来，互有胜负，男的狼狈逃窜，女的安然坐下。车子启动，乘客开始品评刚才的“决斗”。若在北京，双方非吵个天翻地覆不会动手；而长沙人干脆利落，“少废话”，不愧是吃辣椒长大的。

晚饭后，蔡测海来访，谈及其筹办基金会及写作长篇小说的进展，凌宇和庆西则大谈子女升学的苦恼及黑幕。突然，罗成琰插一句，十四大有何消息（今天报载十四大10月12日召开）？大家又转而大谈政治，替古人和今人担忧起来。在北京，这是很平常的话题；而在广州，这话题则没有那么大的魅力。长沙毕竟曾是“红太阳升起的地方”，当地人的政治意识还是比较强——当然也与在座的大都曾在北京生活过有关。

今早起床，感觉好些。不好意思白吃饭，在会上就此课题（20世纪中国文学与区域文化）的研究策略谈了十几分钟，效果似乎还不错。自知随机应变临场发挥的能力不强，好在放得开，还不至于太离谱。

中午，湖南文艺出版社在天心美食宫请“吃火锅”，操作过程接近北京的涮羊肉，不过把鱼、蟹、羊肉和青菜豆腐，连带佐料一起往锅里放，我称是南北文化一锅煮。火猛，人多，声音嘈杂，热气虽高而干劲并不大。

下午参观马王堆汉墓，惊叹不已；尤其是彩绘帛画以及锦罗、漆器、棺木上神奇瑰丽的色彩和图案，更让人遥想两千年前楚人的风华。当地人传说，汉墓刚开凿时，还发现一罐千年陈酿，被一民工喝了，连醉四十天！可惜你当时不在场，要不或许也能分一小杯。

转到岳麓山下的湖南大学，参观爱晚亭和岳麓书院。前者本无甚可观，二十年前来也许还能“胸怀祖国放眼世界”，立志拯救全人类。世道沧桑，当年的圣迹如今游人稀少，我辈前来凭吊，也是别有一番滋味在心头。岳麓书院乃千年学府，历史上孕育过大批英才，至今仍翰墨流香，弦歌不绝。书院建筑虽为重修，可规模气度犹在，保留了古代书院讲学、藏书、供祀三合一的基本格局。漫步其中，真真“不知今夕何夕”！大门门额“岳麓书院”四字，据说乃宋真宗皇帝手迹；门联“惟楚有材，于斯为盛”，语出《左传》《论语》，流水对，颇工，气魄不凡。进大门、二门，来到放置“整齐严肃”四字石刻的讲堂。讲堂正中屏风上有张栻撰《岳麓书院记》(今人所书)。此公曾主教书院，传道求仁，率性立命，对湖湘学派的发展起了重要作用。看过船山祠、崇道祠、转御书楼(尊经阁)。原楼抗战时被毁，近几年重建，只是再也无经可尊无书可藏。发现百泉轩边有小门半掩，遛出去，见工人正在修整藏麓山寺碑的小亭。绕亭一周，还没来得及一睹李邕碑文书法的丰采，就遭书院管理员厉声呵斥，大概以为是逃票者。

5点半，刚踏出书院大门，湖大的高音喇叭里传来《东方红》的乐曲声，大家相视一笑：不愧是毛泽东的故乡，至今还以此曲为开饭的信号。

归途路上，谈起与地域文化密切相关的书院与学派，提到几年前岳麓书社整理重刊钱基博的《近百年湖南学风》和李肖聃的《湘学略》，邹树德称他们湖南教育出版社刚出了《湖湘学派源流》，连带以前出的《张栻与湖湘学派研究》都可送我，不禁大为得意。研究特定时期特定地域的学术流变，比不着边际地泛论中华文化、儒家传统好多了。专论“关中理学之大略”的《关学编》没来得及细读，若30年代何炳松的《浙东学派溯源》、60年代张舜徽的《清代扬州学记》，都是不可多得的好书。当然，前提是确有学派存在；否则写成分省市的思想史和文化史，可就没意思了。

明早7点半出发，赶往湘西游览。等下把自己买的和别人送的几十种书，打包托侯健寄回北京，这样我才能轻装上阵，尽兴地游山玩水。从明天起，保证信中只谈风月和山水，不再谈那“狗屁学问”！

9月24日夜里12点断断续续写完

养猪专业户·共同研究·森林节

昨晚通电话，知道你护照已经办妥，演讲稿却还没有影子，直替你着急。老钱笑我杞人忧天，他认准你的懒散和从容优雅，在日本会受欢迎，因为这正是“中国文化”。既然如此，那就“妹妹你大胆地往前走吧”。

今早7点起床，8点出发。两辆面包车，一大一小；长途跋涉大车舒服些，我坐在大车第三排靠窗口的位子上，算是优待“老弱病残”中的“病”。感冒还没好，必须为明后天的旅游养精蓄锐，一路上闭目养神。蒙眬中只听见女声平缓，不时夹杂专业名词，那是赵园在“讲课”；男声急促，连说带笑，准是凌宇又在讲他家乡土匪的故事，以及他已经预告了十几年的长篇小说写作计划。至于时高时低时冷时热的争吵声，则是老钱率领众弟兄在玩“拱猪”。据说老钱精于此道，智力超群，可一路上居然荣获三头大肥猪，几成养猪专业户。不过，老钱绝不认账，说其中一次是“被陷害”，一次是“有争议”，只有一次“偶然失足”。

离益阳还有半小时路程，堵车了，而且一堵就是两个小时。据说这里离刘少奇家乡不远，不过这与堵车没关系。大家都下车散步，中岛碧递给我一封信，密密麻麻写了七页稿纸，谈听我昨天会议发言的感想，我真的为日本学者的认真执着所感动。信中谈及中日两国学者研究思路的差异，以及如何寻求共同研究的基础，很有意思。比如，她说“中国人对于日本学者的著作觉得‘枯燥’，日本人对于中国学者的（当前的）著作有时觉得缺乏客观、实地的调查、考察，缺乏‘考据’，反而感情、感性上的因素过多，觉得不是学术著作，而是一种‘文学创作’”。对此类主观色彩很强的论著，她表示“可以接受，可以参考，也可以‘欣赏’”，但无法作为共同研究的基础。她对清学以及20世纪初那些有旧学根底的学者、文人（如王国维、顾颉刚、朱自清、闻一多等）感兴趣，而对当代中国近乎“文学创作”的论著不满，这与她毕业于注重考据的京都大学这一学术背景有关，可大致还是代表了日本学者的共同意见。类似的说法我在其他场合不止一次听到过，不过在“求同存异”的外交辞令下，双方都打太极拳，不愿深究；而中岛碧将其提到能否进入世界学术潮流，能否与其他国家的学者互相参考共同研究的高度来强调，还是让人震动。你还记得年初尾崎文昭临走前酒后吐真言，对中国学者过分渲染“中国”的特殊性，缺乏“国际意识”很不以为然吧？中岛也有这个意思：“当然，中国学者可以有他们独特的学术风格，独特的思维方式、思路，不过讲到当前这样思想开放的阶段，学者之间（世界上的）越来越需要‘共同的’因素——研究方式、题目、思路、语言，等等。”这是个大问题，三言两语说不清。我们有好多想法比较接近，有空再具体跟她聊——已经说好湘西之行不谈学术，没想到刚出门就破了戒，好在责任在她不在我。

下午2点车到常德，在印刷厂餐厅吃午饭，菜挺可口，尤其欣赏那清炖鸡汤。主人介绍这是“原鸡原汤”，我悄悄添一句“原鸡原蛋”——因为鸡汤里还浮着好几个熟鸡蛋。

饭后继续赶路。过去说常德是湘西的门户，如今一般意义上的湘西还得往里走。4点半到达慈利。过了慈利，路就不大好走了。黄土路太干燥，车子开过，卷起“红尘十丈”，转过两个山弯都还能看见。又一辆车子擦身而过，赶忙关窗；走远了，又把车窗打开透气。正忙着开窗关窗，赵园突然提议唱歌，大家对这明摆着让人“吃黄土”的建议付之一笑。车子在山间转来转去,6点刚过，就见到山下的索溪峪，众人又活跃起来。

在武陵源宾馆安顿好住宿，就忙着洗澡、吃饭。我和晓进又合住一房间，每个床位每晚二十五元，不算太贵。打开电视，正播张家界国际森林节开幕式实况，我们来得可真巧。中国读书人目前还不太关注环境保护这个国际性话题，而我以为这论题将影响以后人类的生存方式以及天人关系。来宾捐款只有一宗（一万美元），大概森林保护不像建体育馆或医院一样“成果卓著”且有广告效果，故没有多少“大款”愿掏腰包。接着是气功表演，三人相叠在铁钉板上，再压块百斤大青石，一壮汉挥二十磅大铁锤不断砸。可恨石头死硬死硬，几十次都没能砸开。在场观众不忍，请气功师停下来。

9点，和老钱、赵园、中岛碧等约好出去散步。夜色中，周围山峰显得神秘幽深。老钱突发奇想，感叹若能持火把游山该多好呵！我戏称其企图“玩火自焚”，因谢灵运的经验此时此地绝不适应。

回到宾馆，桂花真香，相约在桂花树下又聊了半个小时，方才回房间写信。明天一早把信寄出，让你收到一封真正来自山沟沟里的“情书”。

9月25日夜里11点10分

天子山·罚款·茶壶

我的信写出了名，不时有人打趣，问今天的信写了没有；我无所谓，答曰：不急，等一会儿再写。据说航空信六天才能到达北京，以后的信我只写不寄，带回去给你读就行了。

今天天气不错，晴转多云。8 点出车，兵分两路，大部分人去了张家界，到过张家界的就爬天子山。我们九个男子汉，兵强马壮，根本不理会路旁抬滑竿者的盛情邀请，也不想要什么导游，自信已经带上了双腿和眼睛，能自己去体味和感觉。

这里山比张家界高，路也比张家界陡，可游客并不比张家界少。刚登山，就撞上了旅游团。导游小姐用电喇叭唠叨不休，一会儿强迫大家往左看，“这是驼峰”；一会儿又强迫大家往右转，“那是孔雀开屏”。再就是命令“前面的停下，后面的跟上；两手摆开，脚尖着地……”这还不算，不时放作为联络信号的短曲。这哪像悠闲地游山，分明是部队出操！实在忍受不了这位小姐的“侵略”，拼命往前赶。可山里回声大，大老远都能听到这“恐怖的牧羊女”发出的命令。

爬上南天门，终于甩掉了旅游团，稍为休息。这是一整块大石，宽约十米，高有二三十米，横断面则不到一米，特像一道没门的城墙。站在门中间，双手叉腰，照了一张相，自题“一夫当关”，怎么样？自信好威风！

这里离山顶还有一半路程，继续往上爬；发现一直孤军深入的李庆西，正站在前面路口招手。原来他被防火纠察队逮住了，除了没收香烟和打火机，还要罚款。凌宇上前说理，说人家并没在山上抽烟，而且山路两边的大标语分明写着“请在指定地点吸烟”，怎么能处罚口袋里装香烟的游客？纠察队员说是区里的新规定，森林节期间凡带火种上山的一律罚款，布告就贴在山脚下，谁让你们不看。凌宇急了，指责他们在山下入口处不做宣传，专在山腰设卡罚款；游客哪会记得每年这十天不能带打火机上山，说着掏出自己的打火机说：我来了多少次，不也照带？好，连他的也一起没收、罚款。这批小青年，大概欺负游客惯了，没想到今天可碰上不好惹的。一纠察称：态度不好，罚款二百元！老钱和吴福辉当即抢上前去，要他出示文件，要不就治他的“执法犯法”。又一纠察走过来说：不服气？拖过去！让他知道厉害。这下子更惹怒了众人，一拥而上，揪住这句话不依不饶。那些人思路没我们清晰，老被搅在是否能罚款二百元和拖人上山这点上，当然显得理亏。我因咳嗽没好，不敢多说话，站在旁边观战，直觉得好玩。诸位学者总算没白读了这么多年书，老是避实就虚，绕来绕去，把对手给绕糊涂了。最后是那小头目对部下的失言表示歉意，我们也让他罚了一点小钱，双方都有台阶可下。临走前，凌宇又摆出领导的架子（他的级别比这里的区长高多了，尽管只是虚位），教训小青年“别尽给咱们湘西人丢脸”（他也是湘西人）!

本来爬山挺累的，一吵架，把激情和精力最大限度地调动起来，似乎疲劳顿消。这可是个意外的发现，可申请专利。

继续观山景。一老乡跟上来攀谈，说他在山顶路边开一小店，有果子狸等土家风味菜，而且从不宰人。到御笔峰等处转了一圈，真的上老乡的小店开饭。的确不错，有果子狸炒香菇、腊肉炒辣椒，还有野鸡炒白菜等，最后上来的是土家豆腐。九个人的饭菜，外加五瓶武陵源啤酒，总共才一百元，这在北京是不可想象的。

饭后走出点将台，观铜锣湾，在天子山镇买了三斤猕猴桃，开始下山。从天子山镇到十里画廊，说是只有四五里，可下山路窄台阶高，很不好走。十里画廊是举头观天，与点将台的俯瞰群峰自是不同，二者正可互补。一路上自己不断发现新景点，诸位秀才发挥想象力，胡吹一通，说过也就忘了。最得意的发现是，远处的山峰很像毛泽东卧像的头部，连那颗痣都能分辨出来，于是将其命名为“毛峰”——这发现的专利属于老钱；也只有像他那样“迷”毛泽东，才能有这种发现。

山下有好多当地人摆的小摊，我们看中了一种海百合玉（古生物化石）制的小茶壶，每个要价二十五元，实付十五元。我已经买好一个，又发现另一个更漂亮的，干脆好事成双。

《20世纪中国小说史》（第一卷），陈平原著，北京大学出版社1989年

回到宾馆，和上张家界的朋友各自互吹自己的收获。山景各有千秋，只是我们的吵架与茶壶，他们无可抵挡。

晚饭后，和严家炎、钱理群、吴福辉商量《20世纪中国小说史》后几卷的写作。对不起，又破戒了；不过这回是受北大出版社的委托，并非自愿，不算数。

明早5点就得起床，漂流很辛苦，得早点睡。咳嗽略有加重，仍在吃药，真倒霉！

9月26日晚9点半

猛洞河·落水·王村

现在是 27 日晚上 10 时 50 分，刚从猛洞河漂流回来，没热水（宾馆里热水只供应到晚 10 时），略微擦洗了一下，钻进被窝里写信。

今天玩得挺开心，可就是累。凌晨 5 点半出发，7 点在大庸市吃早餐。还没完全醒过来，车窗外又漆黑一团，只好闭目养神。车子时高时低、时左时右，知道路不好走。晚上回来时我坐在司机后面，才知道一连串的急转弯上坡，又一连串的急转弯下坡，车子在半山腰的简易公路转来转去，真让人惊心动魄。回到宾馆，坐在前面的好几人不约而同地向司机道谢，夸他好身手，可参加巴黎到北京的汽车拉力赛。

这位司机极少用喇叭，一开始以为是个人习惯，后来发现路上好多车也不鸣笛，避车超车，双方配合默契。如此谦谦君子之风，不知是否多发生事故。这里的牛也真牛气，站在路中间不动.司机只好减速，等那些自命不凡的牛大哥摆够架子，慢悠悠地踱到路旁，车子才继续前进。即使此时，司机也不按喇叭，大概是尊重牛们（因多次碰到）“选择的权利”。

10点，车到王村，买好漂流的门票（每位四十元），由导游领路，开往牛路河大桥，准备在那里下漂，此乃猛洞河漂流项目的下半程。因是枯水期，从老司城到牛路河大桥一段河窄滩陡，不好漂。听说河里掉了好多相机、手表和眼镜，于是在车上开始做准备活动，用白塑料绳把眼镜拴在脑后，以免碰撞时失落。这一车人多戴眼镜，都绑上白绳后，颇有悲壮感。

车子突然停下来，公路上起火，是调皮的小孩捣的鬼。晓进跑过去找了根大树杈，大家合力把燃着的稻草推到路边，总算清除路障。小时候我也玩过此类恶作剧，不过就摆几块小石头，让司机颠一颠，真没如今的孩子胆子大。

11点开漂，我们一行二十人分乘三艘橡皮舟——实是两条大充气管配四条小充气管，大管坐人，小管踏脚。舟上有小绳子可抓，这样才能坐稳，不至于一冲撞就落水。我把鞋袜脱下来挂在绳子上，再卷起裤脚，自信万无一失。说是“有惊无险”，还是遵守规则，穿上红色救生衣。我们船上有三位“很有分量”的人物，还没出发就搁浅了。只好跳下来，赤足在乱石堆中走了一段。还没等我们回到橡皮舟，站在船头的“大副”在过第一个小滩时自己摔到水里去，真是不祥之兆！果然老是我们船出事；不过话说回来，倘若都“一路平安”，可就真的“乏善可陈”了。别人两句话就把漂流说完，我们则可以闲话半天，不就因为我们事故多吗？

两岸绝壁，夹一条清澈的小河，抬头观山景，情不自禁地想唱歌。我咳嗽没好不敢唱，老钱则忙于动员别人而自己忘记唱。吴福辉原是很不错的男中音，这回退居二线；因魏建的男高音坚实嘹亮，在幽深的山峡中尤其显得有气魄。大家都能唱的，除了民歌，就是“革命歌曲”和“样板戏”。最后的《沙家浜》联唱尤为精彩，胡司令气不足，阿庆嫂太压抑，刁德一又过于慷慨激扬。与其他船斗歌，自认大获全胜。另外，我们的“大副”是土家族歌手，妻子就是对歌对来的，如今已有五个孩子；歌唱了好几首，可实在未见出色。不知道是他当年超水平发挥呢，还是其妻的鉴赏能力与我有较大的差异。

大概是到了猴儿跳，连续出现险滩，我们船频频告急。船老大把船篙插在石头缝里拔不出来，等着后面的船上来抢救。又是一个险滩，船篙又丢了，船直打转，顶不住，晓进带头落水。我和老钱等拼命压住另半边，才不至于全军覆没。中岛碧的护照和相机幸亏装在塑料袋里，过一遍水问题不大。自从这次“中日两国共同失足落水”，各路游船都在我们周围转悠，希望能见到更加精彩的表演。我们的船老大果然不负众望，再次丢失船篙，船再次在险滩打转。这次总算没落水，可转弯时，魏建的大腿在青石上恶狠狠地“亲热了一下”，大半天都喊痛。

小河两岸，不时看到当地人手持鱼叉转悠。据说一年四季，只有这时候水浅而清，最适于捕鱼。船夫们也一路搜索，一旦发现稍稍可观的鳜鱼（也就二三两），当即甩掉外衣跳下水去。居然一手一条，手到擒来，真能干。观赏捕鱼也就成了漂流中必不可少的小插曲，等会还有“活水煮活鱼”的口福。

下午2点到达小龙洞，结束漂流，登上轮船，吃午饭。今天没有太阳，有点冷。我的上衣是干的，只是裤子和鞋袜湿了，很不好受。开船后，发现轮船后头有一小灶，仍在炖排骨，于是凑过去烤衣服。先把屁股对准灶口，好舒服呀！接着烤鞋袜。可人多火小，终难烤干，稍有起色就回座位观风景去了。水碧绿，两岸山势稍平缓，石崖上挂着好些枯枝，突然发现山洞口有几只小猴在玩耍。只可惜轮机声太响了，不可能有“两岸猿声啼不住”的感觉。

4点半到达西水上的王村，此乃永顺县的一个镇，因被选作电影《芙蓉镇》的拍摄地而名声大震。青石板铺砌的五里梯子街，再加上别具一格的土家吊脚楼，小镇挺有魅力的。街口有湘西民俗风光馆，更有无数专卖各式旅游纪念品的小店。我在一家设有手工作坊的店里观看了一下土家织锦的制作，并买了三个背袋和一串藤条编的吊篮。本来还看中了一幅“老鼠嫁女”的织锦壁挂，可惜被中岛碧捷足先登了。

因还有远路要赶，不敢贪玩，只匆匆逛了一圈。5点半开车往回赶，中间在大庸市吃川菜火锅，好辣！回到宾馆累得走不动，信写了一半就睡着了。现在是28日早上8点，总算把信续完。等会还要出去游宝峰湖，不过听说今天很轻松，准备让大家休整的。

9月28日早上8点

一线天·求签·黄龙洞

今天是索溪峪游览的最后一天，说是“休整”，其实一点也不轻松。昨夜下雨，早上起来甚有凉意，穿上线衣。8点开车，二十分钟后到达宝峰公园。雨不停，同行中没带雨伞者多买当地生产的油纸伞。好久没见油纸伞了，制作得如此小巧玲珑、色彩斑斓，可摆在书房当工艺品欣赏。可惜我的袋子装不下，要不也为你买一把。

刚刚登山，雨就停了。似乎老天爷跟山下小店有交情，纯为“促销”而下雨。好在山陡，雨伞可当拐杖——我说的是个子矮点的女士或先生。

这是一条刚开辟的旅游线，从一线天到鹰窝寨，山陡路窄台阶高，身子横点的挤不过去，腿短的也迈不上去。可上山只有一条路，一旦踏上征程，就别无选择，只能往前走。抬头只见一线天，耳边有清泉流淌，小鸟鸣唱；没有扶手栏杆，不敢往下看，硬着头皮“步步高”。好在刚下过雨，游人稀少，不时停下来观山景。

爬上借鉴亭，浓雾渐散，隐约可见四面青山中的宝峰湖。一会儿，雾幕又拉上了，眼前又是白茫茫一片，害得后来者追悔莫及。

在鹰窝寨聚齐人马，再杀往观音洞——只因此处过去颇多草莽英雄，故叙述时不免略带血腥味。眼前似乎无路可走，可转来转去居然露出深山古刹。据说此处观音有求必应，众人自然不敢怠慢。先是凌宇、晓进等点香拜佛，赵园抢到前面，想受晓进一拜，但人家已经叩过头。接着是求签，每签二元；卖签者穿西装打领带，颇为滑稽。中岛碧求旅行签，在籍贯某省市处填上“扶桑”，倒也妥帖。点香，随喜（劳务费），行法事，那半僧道半俗家打扮的主事者煞有介事地赞叹：上上签！上上签！！于是又遵嘱花钱买他们“赠送”的爆竹，在庙门口香炉边热闹了一番。中岛碧的签文的确不错：“君若登高又望远，又富又贵盈满门。”只是同行中求儿女升学的得“金殿折桂”，求自家寿命的得“赛过张果老”；全是“上上签”，不免让人感叹此处菩萨过于慈悲。庙中主事者（只能这么称呼，因不明其身份）再三强调是我们这一行人福大命好，故总能得“上上签”！

下午游黄龙洞，此类洞看多了，也就见怪不怪。倒是在洞口排队时（必须凑够五十人），观看两旁的石碑，大为感慨。如今的大小文人，书法陋劣不堪，题词更是滥俗，真真糟蹋大好河山。前天逛十里画廊就有这种感觉，赶紧走开，眼不见心不烦；没想到今天堵在洞口，想不看也不行。湘西本以自然景观取胜，根本没必要请人来舞文弄墨。更何况所请非人，不免佛头着粪，大大的罪过。

出洞后逛小店，又买了两个土家织锦袋，回去可以送朋友。

晚上和赵园、中岛碧聊一会儿天，然后回房间写信。早点睡觉，明天又得早起。

9月28日晚10点半

又：很快就要和夫人团聚了，真高兴。可惜咳嗽还没好。

浓雾·“无产者”·尾挂车厢

凌晨5点被叫醒，草草收拾了一下就上车。天还很黑，众人都睡眼蒙眬。过一会儿，天逐渐发白，四周山上云雾缭绕。爬上山顶，回头望去，索溪峪的灯火已经隐入雾中，倒是蜿蜒的索溪河床若隐若现。车一转弯，真正告别了这短暂而愉快的旅游。

山道弯弯，周围的农舍和树木开始显现，挺宁静的。远处虚无缥缈的山峰，身边同样睡眼蒙眬的老树和田埂，这一切都太熟悉了。儿时的记忆永远抹不掉，虽说久居都市，可梦里常是山村景象。不是这棵树这栋屋，也不是这座山这道水，可还是似曾相识。没有一般旅游者捶胸顿足的赞叹，只是觉得很亲切、很自然，也很可爱，如此而已。比我家乡的山高些奇些，也比我家乡的水清些凉些；可山水仍然是山水。不像别人那么激动，并非不乐山不乐水，而是少了些城里人的少见多怪与故显亲热。

小时候常是雾气未散就赤足走在乡间的小路上，或上学或劳作。因此，特欣赏太阳出来前蕴含着几分神秘几分希望的“宁静”。

一旦“真相大白于天下”，也就没什么好说的了。雾更浓，十步以外什么都看不见。司机打开车灯，可并未减速，大概此时行人车辆稀少，山村还没有醒来。

对了，前天信中提到司机极少按喇叭，以为是此地古风犹存民情淳朴；今天才知道不是他不按，而是按了也没用——喇叭坏了。由此想到旅游者眼中的“地方特色”或“民族性”，其可靠性必须打折扣。并非有意骗人，只是走马观花而又想大发宏论，不免发挥想象和虚构的特权；再加上本就有了湘西民情如何如何的预设，难保不差之毫厘失之千里。

快到益阳时，又开始堵车。仍在修路，车辆一律排队左行。右边的路面，除工程车、警车和无所畏惧的手扶拖拉机外，还有个别“熟人的车辆”在通行。据说在我们前面不远处，是省长的专车，也给堵死了；请来警车鸣笛开道，我们自然也沾了光。即便如此，十公里的路段，也磨磨蹭蹭了四个多小时。从下午1点20分开始堵车，到5点半才通过危险地段。因为要赶夜里北上的火车，挺着急；一误就得在长沙多住几天，最近车票很难买。

就在堵车的几个小时里，观赏了两个小插曲。先是中岛碧买竹席，明明看好是双人席，卷好送过来就变成单人席；似乎是头层竹皮，成交后才发现是二皮加染。众人都笑了，说是交学费。中岛没笑，过后告诉我，她从小在农村长大，同情农民，也该做点贡献。此事还没完，一只脏手伸进车里，在女士们面前晃来晃去；

一位中年乞丐，正站在车边念念有词。女士们不知所措，幸得晓进调虎离山，把那人吸引过去。就在其走到眼前那一瞬间，晓进关起窗子。那人又转到车子的另一边，庆西在关窗时稍微擦破了他的手腕。于是那人更得理不让人，跳着脚大骂；反正听不懂他的话，只知道表演得很起劲。一看有当地人围过来看热闹，那人更得意，一边控诉车上的“地主老爷”，一边用拐杖敲打着车窗。还是侯健给了点钱，用当地方言把他劝走。诸位学者，面对此等最富于“革命性”的“无产者”，真是一筹莫展。据说此地盛产此类身强力壮的无赖，摆出一副随时准备与你同归于尽的架势，还是能让有产者胆战心惊的。

7点半到达长沙，用过晚饭，告别东道主，陆续登上南来北往的火车。我和赵园、中岛碧乘62次（昆明至北京）赴京，进站后才知道什么是尾挂车厢。那车厢刚从车库里拉出来，大概有好些年没用过，外表像为了逃避飞机轰炸而涂上各种颜色，只是伪装得不甚巧妙。62次在长沙只停十几分钟，匆匆挂上此尾挂车厢，然后验票上车。车上没灯，黑乎乎的，凭着站台上的灯光，勉强找到自己的床位。一会儿，车开了，列车员端着蜡烛来换票。乘客纷纷追问何时有光明，答曰无法接通电源，天亮以后再想办法。

卧铺上只有一条夏天用的毛巾被，和衣睡下，还是有点冷。第二天好多人抱怨感冒，车厢里顿时显得更加热闹，咳嗽声此起彼伏。

列车不断晃动，偶尔掠过一道亮光，酷似电影里通过敌人封锁线时碰到的探照灯。迎面开过一趟客车（货车还不行），或者经过一个车站，依稀可辨周围情境，否则一切沉入黑暗中。躺在床上，开始冥想62次特快列车谋杀案；凶手还没抓到，已经进入梦乡。第二天起来，居然全都平安无事，很高兴。

隔着邮车，无法到处走动。尾挂车厢里既无热水也无冷水，正想拿买来应急的矿泉水洗漱，发现邻座旅客杯里冒热气。原来尾挂车厢自有一锅炉，不过锁着门，无法进去。不知哪位聪明的旅客想了个办法，把门推开一条缝，在门上方可进出小一点的杯子，于是众人争相效仿。

和中岛碧聊农村生活，谈对农民的感觉，有好些共通之处。

车厢的过道越来越脏，终于有一位旅客站出来“学雷锋”；众人一起动手，稍微整洁了些。邻座旅客抱怨这是“个体户车厢”，马上引来反驳：“个体户不比国营差。”我笑谑道：这叫自助列车，又名卡拉OK列车，挺新潮的，有什么可抱怨？众皆息怒，转而议论起能否什么都来“卡拉OK”一下。真怕铁道部官员听了“照此办理”，以后出门可就麻烦了。

快到家了，该收拾行李，马上就可以见面。出外二十天，才知道咱家的小屋还挺舒服的。

9月30日下午4点断断续续写完

（选刊于1994年3月11日《中国青年报》及《青年文学》1994年第3期）

〈 台湾行 〉

风雨故人

走出桃园机场，望一眼蒙蒙细雨中显得有点虚幻的亭台楼阁，听着与我的乡音颇有渊源因而似懂非懂的闽南话，真有点“梦里不知身是客”的感觉。四十五年前，父亲到此地讨生活；一年台湾行，招来无数烦恼，以致几十年间闭口不谈。我第一次知道父亲年轻时有此浪漫而辛酸的旅行，是在“文化大革命”中贴满校园的大字报上。当时的感觉是“不可思议”。如今轮到我“到此一游”，已经既不“辛酸”，也不“浪漫”。来去匆匆，刚好一周时间；正应了古人“洞中方七日，世上已千年”的说法。

除掉开会、演讲，还有必不可少的吃饭、聊天，真正可以自由支配的时间并不多。如此蜻蜓点水般的观光，当然不足以为他人“导游”。好在我只是为自家生命留一段记忆，也顺便告慰长眠地下的父亲——我终于到了您留下青春足迹的地方。

四十五年过去了，父亲诗文中常提到的“脚踏车”和“萤火虫”、“星星”和“竹笠”，台北街头已经很难见到。可“观音山的落日”

还在，“基隆河的晨光”依旧，这就足够我凭吊怀古了。明知物换星移，不可能再见昔日风光，还是执意带一本父亲当年诗文的剪报，在台北街头寻寻觅觅。

那天，朋友开车带我在市郊转悠，除了逛台北故宫博物院、品唐山茶宴，主要节目是游阳明山风景线。时已冬至，自然不是赏花的季节。也好在并非花季，道路方才畅通无阻。连旅游指南上都不忘提醒：花开花落时，此处常交通堵塞。奇怪的是，那天居然还有白色的芒花在寒风中摇曳生姿，自是大喜过望。山顶风大，景色苍茫辽阔；停车拍照，刚好站在一棵干枯多年的老树旁边，颇有地老天荒的感觉。附近多温泉，故烟雾萦绕，硫黄味浓烈。路边小摊专卖此地特产“高冷蔬菜”，不过据说是从山下运上来的。路牌标示进入“阳金公路”，“阳”指阳明山，“金”则是金山。忽忆起父亲诗中也曾提及“金山”，不知是否即此地。若此金山即彼金山，那可真的是“故地重游”了。只顾胡思乱想，以至友人告知十八王公庙的典故与富贵角的来历，全都没听清。

父亲的“台湾诗草”中，我最喜欢的是《基隆河上的晨光》。主要不是品诗，而是借此间接了解父亲在台北的生活足迹。那“骑着脚踏车／行在狭窄的小径上”“随手摘下一枝鲜红的花／吹着口哨／前行又前行”的年轻人，现在已经不在人间了。当年让他赞叹不已的浣衣女以及河边戏水的顽童，如今安在？还有那“池边的绿竹”“河水掩不尽的沙滩”，现在又命运如何？女郎在涂口红，儿童忙于玩游戏机，这都在我意料之中；只是当友人告知“碧绿的河水”早就消失时，这才感觉茫然。到辅仁大学演讲，顺路拜访了“基隆河”；可惜只有“整治”的标语，而未见“绿竹”与“沙滩”。

来台前曾打听《中华日报》的旧址，很想到父亲工作过的地方留个影。承朋友雅意，在“欣业”品尝过台菜后，陪我顺路走访报社。主事者不在，女秘书听说“故人子弟”来访，遂殷勤招待。我表示希望能得到一点当年的资料，女秘书于是复印两份 1948 年该报全体职员签名及“纪念画刊”图版相赠。说是一份留作纪念，一份可在父亲坟前烧化，借此告慰先人。很感激这位女士的好意，只是我不敢贸然以此份资料祭奠。因为，用放大镜在密密麻麻的签名中搜寻了好几遍，仍然找不到父亲的名字。不知道父亲用的是化名呢，还是签名的并非“全体职员”？

不记得是谁的发明，将我作为“故人子弟”介绍给女秘书。我很欣赏这一称呼，因其让人联想到“风雨故人来”的古诗。倘若没有这几十年过分稠密的“风雨”，也就不会有我这迟到的“故人子弟”之“感叹亦唏嘘”。

“书香社会”

还是老习惯，每到一地，必逛书店。除了嗜书成癖外，不无借此窥探当地人文环境的意图。在飞往台北的飞机上，随意翻阅机上的旅游指南，竟被“书香社会”四字吸引住了。面对商业狂潮与电子传媒的双重夹击，书籍还能飘香吗？很想亲自闻闻此地都市生活中酒香、花香、粉香之外的“书香”，不过没抱太大的希望。

接机的L君刚好也是书迷，手中拿着我编的《读书读书》，见面就问琉璃厂的古书店“别来无恙乎”。我当然不会忘记请教台北访书有何好去处，没想到他连连摇头。大概本地人总是不满现状，我就不信会空手而归；放下行李，便直奔刚打听到的“古书店街”。

此地交通拥挤，从南港乘车到大桥下的光华商场，居然花了一个多小时。初来乍到，一路观光，倒也不觉烦闷。一进书店，大失所望，这才觉得此行有点冤枉。几十家书店挤在一个地下商场，空间显得格外狭小；再加上人潮涌动，立足艰难，全无逛书店常有的悠闲感。更要命的是，所售之书多为过时的教科书和通俗读物；好不容易找到两本像样一点的学术著作，又被拿捏得“面目可憎”。终于来到一家摆了几架线装书的真正意义的“古书店”，也见到几种我喜欢的旧杂志，可价格又非我所愿接受。挤了近两个小时，满头大汗走出商场，除了两手黑黑，一无所获。唯一让我怀念的，是商场外面小吃摊上每根五十新台币的炭烤玉米，那才真叫“味道好极了”！

回到旅舍，向当地朋友抱怨，没想到招来一片笑声：原来此地并无北京的琉璃厂或者东京的神保町那样的古书店街。台北好书店有的是，可惜不是我去的光华商场。

大老远跑来参加学术会议，总不好意思中途开小差。只好利用晚上的自由活动时间。好在此地书店晚上 9 点才关门，尽可“优哉游哉”（事后证明时间并不宽裕）。于是决定按照友人的指点，一个晚上逛诚品书店，一个晚上游金石文化广场。

急匆匆赶到敦化南路的诚品书店，已经只有一个小时的挑书时间了。来不及好好欣赏走廊摆放的精美雕塑，也没能仔细品味书店优雅的环境，实在有点辜负设计者的苦心。在此逛书店不失为一种高雅的享受，只是顾客不宜太多，毕竟空间有限。很欣赏书店同时经销原版外文书（似只限于英文），而且与中文书一起混合编排的思路。除了体现书店经营者的国际化取向外，更突出顾客的文化水准——这大概不是一家追求“雅俗共赏”的书店。如此高雅的书店在台北能够生存，可见此地的读书人不太穷。挑了余英时的《中国文化与现代变迁》等四种新书，对我来说，已经显得有点“奢侈”了。

金石文化广场据说有一批“不甘寂寞”的学者帮助策划，故颇有启蒙意识，标榜“提升文化生活品质，倡导正当休闲生活”。这是一家有许多分店且以畅销书排行榜著称的文化企业，能影响一般台湾人的读书趣味。我访的是台湾大学前面的台大店，一进门赫然在目的便是当月的畅销书排行榜。书籍的摆设类似日本，有意突出畅销书作家，以作者归类且有明显标志。与诚品书店不同，此地顾客多少男少女，因而略嫌嘈杂——或许时近圣诞，年轻人压抑不住内心的喜悦，平日并非如此也未可知。不过这两家书店取向不同，顾客有异，我想是不成问题的。很难分孰高孰低，各有各的追求，也各有各的读者群。

最让我感兴趣的其实并非这两家在台湾声名显赫的大书店，而是偶然撞进去的“书巢”。说“偶然”，是因其不在我的访书计划之内；可对于带路的明德君来说，或许是有意为之。暂不说破，待走进台大旁边那家雅致的小书店，方才告知此乃大安出版社附设的门市部。早就听说“大安”的大名，不只是因其出版过我的导师王瑶先生的几部著作，更因其教授集资办文化事业、不以谋利而以学术为重的追求，其实正是我辈多年的梦想。“书巢”营业面积不大，书也只有十几架，可都是挺像样的学术著作。据说只付经营者的薪水，不必考虑投资者的分红愿望，这才能保证书店不因追求利润而降低品位。我在“书巢”待了一个多小时，眼见进出的几乎全是附近的大学教授，互相打招呼，请吃茶，聊得很

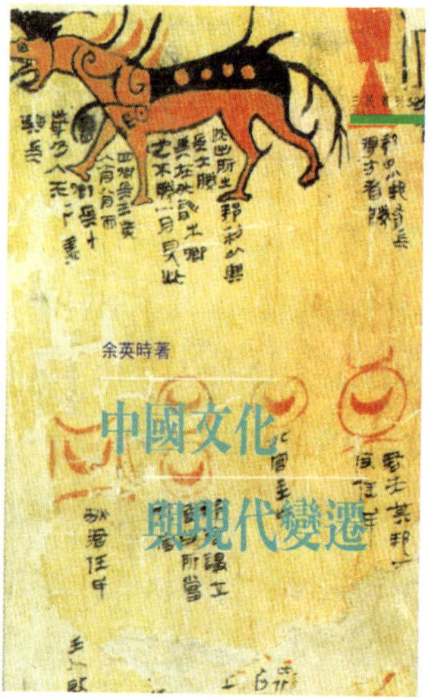

《中国文化与现代变迁》，余英时著，台北：三民书局1992年

开心。看来此地乃教授们的聚会场所，也算一种小小的“公共空间”。“女掌柜”业余专研陆羽的《茶经》，拿出自制的乌龙招待远方的来客，我也就顺便请教台湾制茶的工艺与吃茶的习俗。真可谓尚未“开卷”，已经“有益”。在书香、茶香的双重熏陶下，我辈岂能不“慷慨解囊”——更何况主人有言在先：书价打折扣！

在大讲市场经济的今天，“义利之辩”自然没有立锥之地。无意提倡某种风格的书店，只是希望有人愿意坚持“不能来钱”的文化理想。总有一天我们“衣食足，知廉耻”，也会“鸟倦飞而知还”，怀念起曾经有过的这样那样的“书巢”。

胡适公园

住在南港“中央研究院”学术中心，出门就过“胡适桥”，这对我来说，再亲切不过了。从胡适早年“发迹”的北大，来到其晚年“栖息”的南港，自是感慨万端。据说，胡适早已过时了；我却念念不忘。不妨借用胡君难得的两句抒情诗：

山风吹乱了窗纸上的松痕，吹不散我心头的人影。

单是其对20世纪中国思想学术的贡献，便值得后人永远怀念；更何况其自由主义知识者的苦恼、建设者的文化心态以及东西学术接榫的追求，曾令我深深感动。当初年少气盛，颇不以胡适的“平实”与“宽容”为然；反省近百年中国政治与学术，这才逐渐理解胡适的价值。因此，此次台湾行的另一目的，便是“拜拜”已经有点寂寞的适之先生。

“拜拜”一词并非我的发明，而是同行的日本学者藤井君的“专利”；直到有人告知应说“瞻仰”，他才改口。可我还是喜欢这不太文雅的“拜拜”，因其显得有人情味。他也是“适之先生”的爱好者，最近刚写完考辨胡适恋爱的长篇论文。此次同行，相约到台北一定抽空“拜拜”胡适。

真没想到日程排得这么满，直到临走前一天，才挤出两个小时参拜胡适墓和胡适纪念馆。好在这两处胜景都在附近，步行十分钟就到了。因为时间有限，走进胡适公园，就想直奔胡适墓。公园里没有适当的导游图，只好分头打听。我问步履匆匆的年轻人，答曰“不知道”；藤井君问散步的长者，对方竟用日语回答，而且连比带画，似乎颇激动。台湾曾是日本的殖民地，现在六十岁以上的当地人多能讲日语。也许难得有表演的机会，此长者才会如此问一答三，且主动改为用日语对话。或者此君对胡适甚有好感，见有“外国人”前来参拜，大喜过望也未可知。可惜当时情急，探明方向当即启行，来不及详细询问；要不，说不定能聊出一段动人的故事来。

胡适墓在小山坡上，像他的为人一样平实，没有塑像，也没有多余的装饰。周围相当空旷，站在墓前，可以望到他晚年的住处，即现在的胡适纪念馆。本以为墓前冷清，乍一见摆放着三四个姹紫嫣红的大花篮，反倒觉得有点突兀。一见落款，乃是亲属和同乡会为纪念胡适一〇二岁冥诞而设，这才恍然大悟。说来也巧，两年前的这个时候，我和藤井君在北京家中“煮酒论胡适”，那天刚好是胡适诞辰一百周年；如今台北扫墓，又险些赶上胡适的“冥诞”。看来真是有缘，我的胡适研究大概还得继续下去。

从虽有鲜花点缀但仍略显凄清的墓地，来到幽静的胡适纪念馆，颇有重新回到人间的感觉。作为故居，屋里陈设一仍其旧，我兴致勃勃地察看藏书。书柜里摆着《水经注》的各种版本，这点闭着眼睛也能想象得到：因胡适晚年执意研究他的“《水经注》案”。有趣的是，书架和台几上，堆放着许多“时新”的小说集以及其他杂书。当初读胡适晚年的书信和日记，就颇为惊讶其阅读趣味的广泛，有时甚至抱怨他不该如此“虚掷光阴”。胡适毕竟不只是专家，自有其“人间情怀”；更何况交游广应酬多，单是翻阅友人赠书，就够他忙的了。就因为“外骛”太多，从抗战开始，胡适便无法专心从事学术著述，以至半部哲学史和半部文学史总是续写不完。不断“订约”而又不断“违约”，可以想象胡适的心理压力和遗憾。世人对胡夫人江冬秀颇有微词，可江氏屡次劝阻胡适从政，在我看来还是挺有眼光的。胡适去世后，在保存“先生遗物”以及出版十集《胡适手稿》方面，江氏也表现出其见识非同一般。这也是我参观过胡适的书房和客厅，不忘到江氏的卧室走走的原因。

在纪念馆附设的展室，藤井君被当年胡适母亲“破坏”胡适与韦莲士恋情的书信以及胡适的译文吸引住了，我则对“适之再校本”的《师门五年记》大感兴趣。此书乃太平天国史专家罗尔纲叙述其师从胡适五年的经过，读来亲切有味，是不可多得的学术传记。其中诸多胡适关于治学的教诲，常被各种研究著作引用；

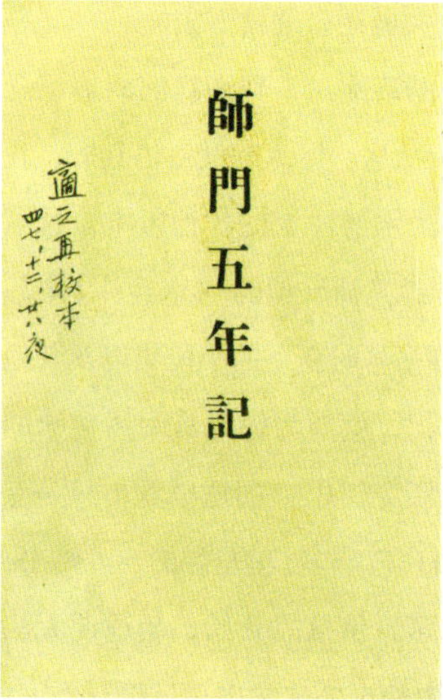

题有“适之再校本”的
《师门五年记》

可我更感兴趣的却是“煦煦春阳的师教”所体现出来的适之先生的人格魅力。此书1944年由桂林建设书店初版，原题《师门辱教记》；经作者修订后，稿本转到海外，1958年由胡适在台北自费印行，“不作卖品，只作赠送朋友之用”。此后虽也有坊间刊本，怎及此原版珍贵？当即恭恭敬敬地“请”回一部。

很想查阅胡适的全部藏书目录，了解那些尚未公开的资料的处理情况，没想到被告知此馆只有两位兼职管理员，且经费有限，无法从事大规模的研究。指点着纪念馆已经开始漏雨的屋顶，想象着名满天下的适之先生身后的日渐寂寞，不禁怅然。

南港学术

本为参加学术会议而来，却把学术问题留到最后，并非对会议不满，故意避而不谈；而是明知无论如何努力也是挂一漏万，不如恭请读者参阅即将出版的论文集。会议名为“中国现代文学国际研讨会”，还有个副题：“写实之外”。将“现代文学”延伸到晚清，这点现在已经成为两岸学者的共识；有意思的是“写实之外”的提法。像所有的学术会议一样，论题无法涵盖会上发表的全部论文，这一点也不奇怪。可大部分论文其实仍在广义的现实主义“之内”，而不是“之外”，这就难怪有人要对这一很有特色的副题提出置疑。

讨论现实主义的定义及其命运并非这次会议的主旨，立此副题，不外强调超越已有的用“写实”和“浪漫”来解释“五四”文学的理论框架，借用会议组织者彭小妍女士刚出版的著作书名，即“超越写实”。近百年的中国作家，自是不乏标榜“写实”或“浪漫”的，但其作品与19世纪欧洲的现实主义、浪漫主义仍然大异其趣。

在突破用西方概念宰制中国文学这一思路上，“写实之外”颇有象征意味——尽管这不是一个无懈可击的提法。

会上有人提到大陆学者受意识形态影响因此不可避免地存在缺陷云云，我当即表示不以为然，建议具体分梳什么样的意识形态如何制约学者的研究，不应该把这作为一句套语随便“奉送”。没有不受意识形态“污染”的学者，学者的独立性只是体现在对制约自身的意识形态的自觉和某种程度的抵制。意识到这一点，才能够在任何情况下保持“独立之精神，自由之思想”。大概发言者也只是一时说顺了嘴，会后表示可以互相理解。

还有一点不便在会上提及，那就是台湾地区学者的政治意识其实比大陆学者还强。

在北大接待诸多台湾地区学者，已经意识到这一点；此次实地考察，更加深了这一印象。会前会后，结识了不少相当出色的台湾地区学者，聊天时大半为“时局评论”和“政策分析”，而且颇多指点江山的慷慨激扬。那种“天下兴亡匹夫有责”的情怀以及“不出如苍生何”的自信，既令人羡慕，又让人担忧——他们是否低估了政治运作的复杂性？另外，这种过分强烈的“政治情结”，会不会冲淡学者治学的热情？比起风云激荡的政坛来，书斋实在太冷清了。大陆学者反省百年中国学术思潮，对“泛政治意识”的负面价值颇为警惕，不知台湾地区学者有何高见。偶然与一位在史语所工作的朋友谈起这点“杞人之忧”，他也表示同感，不过强调这是一种“过渡时期的特殊现象”——原话实在记不得，为求方便只好套用一句熟语。

南港地处台北市郊，人文科学又有史语所的传统，故学者们还能坐得稳冷板凳。到此地参加学术会议的诸君，也都遵守学术规则，会场里颇有“如切如磋，如琢如磨”的气氛。

有几点感触甚深。一是会议议题为中国文学，可与会者有三分之一来自外文系。虽然带来了发言中喜欢夹杂洋文（好多并非难解的专有名词）的留学生习气，可思维和表达方式确实不同于中文系出身的。学术背景不太一样，双方各有所长，故心存敬畏，少有大陆常见的才子式“放言空论”。二是讲评者的认真与“苛刻”，出乎我意料之外。听惯了打哈哈式不痛不痒的讲评，看人家横刀立马的英姿，甚感痛快。明知其中也有花拳绣腿，基本属于自我表演的；但会场毕竟近乎“众声喧哗”，而不只是听演讲者独白。三是会上唇枪舌剑，会下握手言欢，有争论而不伤和气。说俗点，明白会场的争论本就带有表演的性质，不必过分介意；说雅点，理解各自立场的相对性，不敢再有独霸真理的狂妄。

还有一点“闲话”，只能留给“茶余饭后”。会议发言规定十五分钟，可几乎每个人都超过；甚至有规定时间已到而只讲完“导言”者。有规则而不屑于遵守，这点海峡两岸十分相似。我问，到底是规定的时间太短，还是准备的内容太多，为什么已制定多年的规则老是被漠视？可惜没人理解这点小小的“幽默”，反而不时有人向我解释为何需要限制发言时间。

1994年1月7日完稿于东京白金台，此辑乃新年试笔

（原刊《读书》1994年第6期）

〈 漫说文化 〉

难得浮生半日闲 ——《闲情乐事》序

收集在这里的基本上都是闲文。除了所写系人生琐事无关国家大业外，更在于文中几乎无处不在的闲情逸致。把善于消闲概括为“士大夫趣味”未必恰当，只不过文人确实于消闲外，更喜欢舞文弄墨谈消闲。谈消闲者未必真能消闲，可连消闲都不准谈的年代，感情的干枯粗疏与生活的单调乏味则可想而知。有那么三十年，此类闲文几乎绝迹，勉强找到的几篇，也都不尽如人意。说起来闲文也还真不好写，首先心境要宽松，意态要潇洒，文章才能有灵气。大文章有时还能造点假，散文小品则全是作家性情的自然流露，高低雅俗一目了然。当然，比起别的正经题目来，衣食住行、草木鸟兽乃至琴棋书画，无疑还是更对中国文人的口味。即使是在风云激荡的20世纪，也不难找到一批相当可读的谈论此类“生活的艺术”的散文小品。

一

“在中国，衣不妨污浊，居室不妨简陋，道路不妨泥泞，而独在吃上分毫不能马虎。衣食住行的四事之中，食的程度远高于其余一切，很不调和。中国民族的文化，可以说是口的文化。”这话是夏丏尊在1930年说的，半个世纪后读来仍觉颇为新鲜。唯一需要补充的是，不单普通中国人爱吃善吃，而且中国文人似乎也格外喜欢谈论吃——在20世纪中国散文小品中，谈论衣、住、行的佳作寥寥无几，而谈论吃的好文章却比比皆是。

对于烹调专家来说，这里讲究的“吃”简直不能算吃。显然，作家关心的不是吃的“内容”，而是吃的“形式”。更准确地说，是渗透在“吃”这一行为中的人情物理。说“他民族的鬼只要香花就满足了，而中国的鬼仍依旧非吃不可”，故祭祀时要献猪头乃至全羊全牛（夏丏尊《谈吃》）；说中国人天上地下什么都敢吃，不过为了心理需要，“人们对于那些奇特的食品往往喜欢‘锡以嘉名’”（王了一《奇特的食物》）；说理想的饮食方法是“故意往清茶淡饭中寻其固有之味”，而这大概“在西洋不会被领解”（周作人《喝茶》）……这实际上探究的是体现在“食”上的民族文化心理。

正因为这样，谈论中国人“吃的艺术”的文章，基于其对民族文化的态度，大体上可分为两类：重在褒扬中国文化者，着力于表现中国人吃的情趣；重在批判国民性者，主要讽刺中国人吃的恶相。两者所使用的价值尺度不同，不过在承认中国人能吃而且借吃消闲这一点上是一致的。林语堂为洋派的抽烟卷辩护，不过说些“心旷神怡”或者“暗香浮动奇思涌发”之类着眼于实际效果的话（《我的戒烟》），那及得上吴组缃所描述的那作为“我们民族文化的结晶”的抽水烟：有胡子老伯伯吸烟时“表现了一种神韵，淳厚，圆润，老拙，有点像刘石庵的书法”；年轻美貌的婶子吸烟时“这风姿韵味自有一种秾纤柔媚之致，使你仿佛读到一章南唐词”；至于风流儒雅的先生吸烟时的神态，“这飘逸淡远的境界，岂不是有些近乎倪云林的山水”？你可以不欣赏乃至厌恶这种充满装饰意味的“生活的艺术”，可你不能不承认它自有其特点：它的真正效用并不在于过烟瘾，而是“一种闲逸生活的消遣与享受”（吴组缃《烟》）。实际上中国有特点的食物，多有这种“非功利”的纯为体味“闲中之趣”的意味，欣赏者、批判者都明白这一点。

夏丏尊怀疑“中国民族是否都从饿鬼道投胎而来”，因此才如此善吃（《谈吃》）；丰子恺讥笑中国人甚具吃瓜子天才，“恐怕是全中国也可消灭在‘格，呸”、‘的，的’的声音中呢”（《吃瓜子》），自然都颇为恶谑。可跟同时代关于国民性讨论的文章比较，不难理解作者的苦衷。至于吴组缃厌恶跟“古老农业民族生活文化”联系在一起的“闲散的艺术化生活”(《烟》),阿英慨叹“不断的国内外炮火,竟没有把周作人的茶庵、茶壶和茶碗打碎”(《吃茶文学论》),更是跟特定时代的政治氛围密切相关。在他们看来,“消闲”那是山人隐士的雅事,与为救亡图存而奋斗的新时代知识分子无缘,唯一的作用只能是销蚀斗志。这种反消闲的倾向在阶级斗争的弦绷得格外紧的年代里得到畸形的发展,烟茶之嗜好甚至成了治罪的根据。这就难怪邵燕祥要为一切饮茶者祝福:“但愿今后人们无论老少,都不必在像喝茶之类的问题上瞻前顾后,做‘最坏’条件的思想准备。”(《十载茶龄》)

其实,夏丏尊、丰子恺等人本性上又何尝真的不喜欢“消闲”,只不过为感时忧国故作决绝语。听丰子恺谈论吃酒的本旨乃为兴味为享乐而不求功利不求速醉,你才明白作家的真性情。而这种说法实跟周作人关于茶食的诸多妙论没多少差别。在周氏看来,“我们于日用必需的东西以外,必须还有一点无用的游戏与享乐,生活才觉得有意思”,因而,喝不求解渴的酒与吃不求充饥的点心便是生活中必不可少的“装点”(《北京的茶食》)。没这些当然也能活下去,可生活之干燥粗鄙与精美雅致的区别,正在这“无用的装点”上。所谓“‘忙里偷闲,苦中作乐’,不在完全的现世享乐一点美与和谐,在刹那间体会永久”,实不限于日本的茶道(周作人《喝茶》),中国人的饮食方式中也不乏此种情致。这里讲究的是饮食时的心境,而不是制作工艺的复杂或者原料之珍贵。作家

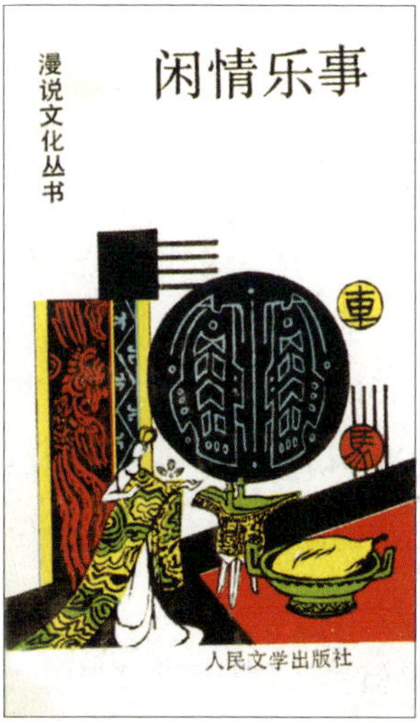

《闲情乐事》，陈平原编，人民文学出版社 1990 年

们津津乐道的往往是普普通通的家乡小吃，而不是满汉全席或者其他什么宫廷名馔。除了贾平凹所说的，于家乡小吃中“地方风味，人情世俗更体察入微”外（《陕西小吃小录》），更有认同于普通人日常生活的意味。靠挥金如土来维持饮食的“档次”，那是“暴发户”加“饕餮”，而不是真正的美食家。美食家当然不能为无米之炊，可追求的不是豪华奢侈，而是努力探寻家常饮馔中的真滋味全滋味。这一点，财大气粗的饕餮自然无法理解，即使当年批判“消闲”的斗士们也未必都能领会。周作人的喝清茶，丰子恺的品黄酒，贾平凹的觅食小吃，实在都说不上靡费，可享受者所获得的乐趣

与情致，确又非常人所能领悟。

不过，话说回来，近百年风云变幻，这种以消闲为基调的饮食方式实在久违了，绝大部分人的口味和感觉都变得粗糙和迟钝起来，难得欣赏周作人那瓦屋纸窗清泉绿茶与素雅的陶瓷茶具。这点连提倡者也无可奈何。于是文中不免或多或少带点感伤与怀旧的味道，以及对“苦涩”的偏爱。周作人把爱喝苦茶解释为成年人的可怜之处，可我想下个世纪的中国人未必真能领悟这句话的分量——但愿如此。

二

比起“食”来，“衣”“住”“行”似乎都微不足道。20世纪的中国文人对“食”的兴趣明显高于其他三者。难道作家们也信“什么都是假的，只有吃到肚里是真的”？抑或中国过分发达的“食文化”对其“兄弟”造成了不必要的抑制？可纵观历史，则又未必。或许这里用得上时下一句“名言”：越是乱世，越是能吃。战乱年代对服饰、居室的讲究明显降到最低限度，而流浪四方与旅游观光也不是一回事，可就是“吃”走到哪儿都忘不了，而且都能发挥水平。有那么三十年虽说不打仗，但讲究穿着成了资产阶级的标志，更不用说花钱走路这一“有闲阶级的陋习”，唯有关起门来吃谁也管不着，只要条件允许。这就难怪谈衣、住、行的好文章少得可怜。

林语堂称西装令美者更美丑者更丑，而“中国服装是比较一视同仁，自由平等，美者固然不能尽量表扬其身体美于大庭广众之前，而丑者也较便于藏拙，不至于太露形迹了，所以中服很合于德谟克拉西的精神”(《论西装》)。这自然只是一家之言，好在文章写得俏皮有趣。梁实秋谈男子服装千篇一律，而“女子的衣裳则颇多个人的差异，仍保留大量的装饰的动机，其间大有自由创造的余地”(《衣裳》)，文章旁征博引且雍容自如。可林、梁二君喜谈服装却对服装不甚在行，强调衣裳是文化中很灿烂的一部分，可也没谈出个子丑寅卯。真正对服装有兴趣而且在行的是张爱玲，一篇《更衣记》，可圈可点之处实在太多了。语言风趣学识渊博还在其次，更精彩的是作者力图描述时装与时代风气的关系，以及时装变化深层的文化心理。讲到清代女子服饰的特点时，张爱玲说：“这样聚集了无数小小的有趣之点，这样不停地另生枝节，放恣，不讲理，在不相干的事物上浪费了精力，正是中国有闲阶级一贯的态度。惟有世上最消闲的国家里最闲的人，方才能够领略到这些细节的妙处。”民国初年，时装显出空前的天真轻快，喇叭管袖子的妙处是露出一大截玉腕；军阀来来去去，时装日新月异，并非表现精神活泼思想新颖，而是没能力改变生存境况的人们力图创造衣服这一“贴身环境”；30 年代圆筒式的高领远远隔开了女神似的头与丰柔的肉身，象征了那理智化的淫逸风气；40年代旗袍的最重要变化是衣袖的废除，突出人体轮廓而不是衣服。至于40年代何以会在时装领域中流行减法——删去所有有用无用的点缀品，张爱玲没有述说。其实，几十年时装的变化是篇大文章的题目，非散文家三言两语所能解答。张氏不过凭其机智以及对时装的“一往情深”，勾勒了其大致轮廓。

住所之影响于人的性格乃至一时的心境，无疑相当突出。因而，对住所的要求往往是主人人格的潜在表现。在郁达夫、梁实秋谈论住所的文章中，洋溢着鲜明的士大夫情趣，讲求的是雅致而不是舒适。当然，“舒适”需要更多的金钱，“雅致”则可以穷开心。穷是时代使然，可穷也要穷得有味——这是典型的中国文人心态。郁达夫要求的住所是能登高望远，房子周围要有树木草地（《住所的话》）；梁实秋欣赏不能蔽风雨的“雅舍”，则因其地势高得月较先，虽说陈设简朴但有个性，“有个性就可爱”（《雅舍》）。

梁实秋说“我们中国人是最怕旅行的一个民族”（《旅行》），这话起码不准确，翻翻古人留下的一大批情文并茂的游记，不难明白这一点。只是在兵荒马乱的年代，中国人才变得最怕旅行。旅行本来是逃避平庸、逃避丑恶以及培养浪漫情调的最好办法，它使得灰色单调的人生显得比较可以忍耐。可倘若旅行之难难于上青天，那也自然只好“猫”在家里了。完全圈在四合院里，不必仰屋，就想兴叹。于是有了变通的办法，若王了一所描述的忙里偷闲的“蹓跶”(《蹓跶》)，以及梁遇春所说的比“有意的旅行”更亲近自然的“通常的走路”(《途中》)。“何处楼台无月明”，自己发现的美景不是远胜于千百万人说滥了的“名胜”？关键是培养一个易感的心境以及一双善于审美的眼睛，而不是栖栖惶惶筹集资金去赶万里路。于是，凡人百姓为谋生而必不可少的“通常的走路”，也可能具有审美的意义；当然，前提是心境的悠闲。

三

与谈衣食住行不同，20 世纪中国作家对草木鸟兽以及琴棋书画的关注少得可怜。虽说陆蠡说养“鹤”、老舍说养鸽，还有周作人说玩古董与梁实秋说下棋，都是难得的好文章。可总的来说，这一辑文章明显薄弱，比起明清文人同类作品来，并没有多少值得夸耀的新意。这也是无可奈何的事。写作此类文章需要闲情逸致，这一百年虽也有周作人、林语堂等人提倡“生活的艺术”，可真正允许消闲的时候并不多。

这也是本书最后殿以一辑专作忙闲之辩文章的原因。一方面是传统中国文人趣味倾向于“消闲”，另一方面是动荡的时代以及忧国忧民的社会责任感要求远离“消闲”，作家们很可能有时候津津乐道，有时候又板起脸孔批判，而且两者都是出于真心，并无投机的意味。明白这一点，才能理解同一作家不同作品之间价值评判标准的矛盾。在我看来，忙闲之辩双方各有其价值，只是要求入选的文章写得有情致，火气太盛的“大批判文章”难免不入时人眼。自以为手握真理可以置论敌于死地者，往往不屑于平心静气展开论辩，或只是挖苦，或一味嘲讽，主要是表达一种情感意向而不是说理，因而时过境迁，文章多不大可读。

还有一点，提倡“消闲”者，往往是从个人安身立命考虑，且多身体力行；反对“消闲”者，则更多着眼于社会发展，主要要求世人遵循。为自己立论，文章容易潇洒轻松；为他人说教，则文章难得雍容优雅。当然，不排除编选者对前者的偏爱，并因而造成某种理论的盲点，遗漏了一批好文章。好在批判消闲的宏文历来受到文学史学的肯定，各种选本也多有收录，读者不难找到。因而，即使单从补缺的角度，多收录几篇为消闲辩护的文章，似乎也是可以说得过去的。

正如王了一所说的，“好闲”未必真的一定“游手”，“如果闲得其道，非特无损，而且有益”（《闲》）。整天没完没了地工作，那是机器，而不是“人”——真正意义的人。丰子恺讲求“暂时脱离尘世”，放弃欲念，不谈工作，“白日做梦”，那对于健全的人生很有必要，就因为它“是快适的，是安乐的，是营养的”（《暂时脱离尘世》）。其实，这一点中国古代文人早有领悟，从陶渊明、苏东坡，到张潮、李笠翁，都是“能闲世人之所忙者，方能忙世人之所闲”的“快乐天才”。这里“忙”“闲”的对立，主要是所忙、所闲内容的对立，与周作人从日本引进的“努力的工作，尽情的欢乐”不尽相同。只是在强调消闲对于忙碌的世俗人生的重要性这方面，两者才有共同语言。

深受英国随笔影响的梁遇春，从另一个角度来谈论这一问题。反对无谓的忙乱，提倡迟起的艺术，“迟起本身好似是很懒惰的，但是它能够给我们最大的活气，使我们的生活跳动生姿”(《“春朝”一刻值千金》)；讥笑毫无生气的谦让平和，赞赏任性顺情、万事随缘、充满幻想与乐观精神，无时不在尽量享受生命的“流浪汉”(《谈“流浪汉”》)。有趣的是，梁遇春谈“流浪汉”，选中的中国古代文人是苏东坡；而这跟提倡闲适名扬海内外的林语堂正相吻合。可见两者确有相通之处。

承认“消闲”对于活人生的意义，并非提倡山人隐士式的“不知有汉，无论魏晋”，更不欣赏“装点山林大架子，附庸风雅小名家”。忙忙碌碌终其一生不大可取，以闲适自傲也未必高明。如何把握“忙”与“闲”之间的比例，这里有个适当的“度”，过犹不及。人生的精义就在于这个颇为微妙的“度”。

1989年4月11日于畅春园

何必青灯古佛旁——《佛佛道道》序

一

要谈中国人的宗教意识，当然必须佛、道并举。可有趣的是，在20世纪的中国，谈佛教的散文小品甚多，而谈道教的则少得可怜。尽管放宽了尺度，仍然所得无几。弘法的不说，单是写宗教徒的，前者有追忆八指头陀、曼殊法师和弘一法师的若干好文章，后者则空空如也。20世纪的中国文人何其厚佛而薄道！

或许这里得从晚清的佛学复兴说起。真正对整个思想文化界起影响的，不是杨文会等佛学家的传道，而是康有为、梁启超、谭嗣同、章太炎等政治家的“以己意进退佛学”。提倡学佛是为了“去畏死心”，“去拜金心”，创造“舍身救世”“震动奋厉而雄强刚猛”的新民，并寻求自我解放，获得大解脱大自在大无畏的绝对

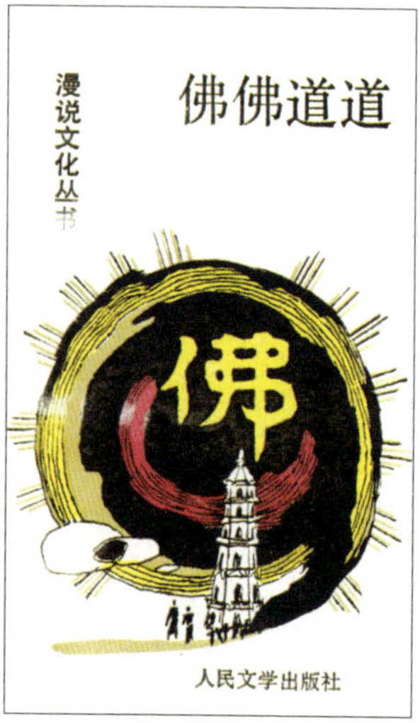

《佛佛道道》，陈平原编，人民文学出版社 1990 年

自由。用章太炎的话来概括就是："要用宗教发起信心，增进国民的道德。"佛教救国论对"五四"作家有很大影响，鲁迅、周作人等人批判儒家，也批判道教，可就是不批判佛教，甚至颇有喜读佛经者。一方面是以佛学反正统观念，一方面是借佛学理解西方思想（如自由、平等、博爱）。尽管此后很多政治家、文学家自认找到新的更有效的思想武器，可对佛学仍甚有感情。

相比起来，道教的命运可就惨多了。在 20 世纪中国的思想文化界，道教几乎从来没有出过风头。二三十年代鲁迅、许地山、周作人曾分别从思想史、宗教史、文学史角度，论证道教对中国人性格和中国文化发展趋向的深刻影响，只不过是持批判的态度。鲁迅《小杂感》中有段话常为研究者所引用："人往往憎和尚，憎尼姑，憎回教徒，憎耶教徒，而不憎道士。懂得此理者，懂得中国大半。"至于何以中国人不憎道士而憎恶其他宗教徒，鲁迅并没展开论述。不过从二三十年代作家们的只言片语中，大体可猜出其中奥秘。首先，道教是真正的中国特产，影响于下层人民远比佛教大。老百姓往往是佛道不分，以道解佛，而民间的神仙、禁忌也多与道教相关。其次，佛教、耶教都有相当完整且严谨的理论体系，道教的理论则东抄西摘，鬼话多，邪术多，含更多迷信色彩。再次，佛教徒讲斋戒、讲苦行、不近女色，而道教徒虽也讲虚静，但更讲采阴补阳、长生不老。如此不用苦行且占尽天下便宜的主张，最得中国人的欢心。最后，佛教讲求舍身求法，普度众生，而道教讲白日飞升，只求一己长生，不管他人死活，未免显得自私、油滑、怯懦。如此分辩佛道，不见得精确；可对于揭露国民劣根性并致力于改造国民灵魂的这一代作家来说，抓住道教做文章还是挺有眼光的。

只是这么一来，道教也就与20世纪中国的散文小品基本无缘了，这未免有点可惜。对于道教，二三十年代有过正襟危坐的学术论文，也有过热讽冷嘲的片纸只字，可就缺少雍容自如的散文小品，至于50年代以后，宗教几成瘟疫，避之唯恐不及，作家们哪里还有雅致谈佛说道？奇怪的是，近年学术界为宗教"平反"，作家们何以还是多谈佛而少论道？或许，随着气功的重新崛起，道教将重返文坛也未可知。

二

文人学佛与和尚学佛着眼点自是不同，没有那么多“理解的执行不理解的也执行”的盲信，而更喜欢刨根问底探虚实。单是嘲笑和尚不守教规出乖露丑，那说明不了任何问题。无论何时何地何宗何派，总有滥竽充数的“吃教者”，非独佛教然。唐宋以来，小说、戏曲中嘲弄和尚的作品多矣，可文人读佛的热情并未消退，理由是“信佛不信僧”。这并非骂尽天下和尚，而是强调佛教作为一种理论体系的独立价值。如此读佛，方能见出佛教的伟大处。

许地山用诗一般的语言表达佛家的根本精神“慈悲”：“我愿你作无边宝华盖，能普荫一切世间诸有情。”（《愿》）丰子恺则明确表示鄙视那些同佛做买卖，靠念佛祈求一己幸福的“信徒”，理由是“真正信佛，应该理解佛陀四大皆空之义，而摒除私利；应该体会佛陀的物我一体，广大慈悲之心，而护爱群生”（《佛无灵》）。《大智度论》称“大慈与一切众生乐，大悲拔一切众生苦”，这一佛教的真精神并非为所有学人所接受，起码批评佛教为消极出世者就不这么看。而在弘一法师看来，佛教“不唯非消极，乃是积极中之积极者”，因为大乘佛法皆说空与不空两方面，“不空”为救世，“空”为忘我（《佛法十论略释》）。曼殊法师 1913 年为配合革命党人二次革命而发表的《讨袁宣言》，以及弘一法师抗日战争中提出的口号“念佛必须救国，救国不忘念佛”，即可作为佛教徒“不空”的例证。你可以怀疑“念佛救国”的实际效果，却不应该指责其“消极出世”。当然，佛教徒追求的本来就是一种精神价值，最多也不过是欲挽救今日之世道人心，不可能有什么“立竿见影”般的实际效果。

俗人中善读佛经的莫过于周作人了。这里除了学识与洞察力外，更主要的是一种宽容的心态和寻求理解的愿望。在常人看来，佛教的戒律无疑是烦琐而又枯燥无味，连大小便和劈柴吐口水都有如此详细的规定；而周作人则从中读出佛教的伟大精神：所有的规定都合于人情物理。最能体现这一点的莫过于“莫令余人得恼”六个字（《读戒律》）。至于最容易引起误解的斋戒，周作人也从《梵网经》中得到启示：“我以为素食是为了不食肉，不食肉是为了不杀生，这是对的，再说为什么不杀生，那么这个解释我想还是不欲断大慈悲佛性种子最为得体，别的总说得支离。”（《吃菜》）这一点丰子恺的见解与周作人最为相近，尽管丰本人是曾作《护生画集》的居士，且因生理原因而吃素。“我的护生之旨是护心，不杀蚂蚁非为爱惜蚂蚁之命，乃为爱护自己的心，使勿养成残忍。”（《佛无灵》）只要真能护心，吃素吃荤实为小事。若过分钻牛角尖，只吃没有雄鸡交合而生的蛋，不养会吃老鼠的猫，那不只迂腐可笑，失却佛学本旨，而且类推底，非饿死不可，因植物也有生命。民初作家程善之就写过一篇题为《自杀》的小说，写接受近代科学知识的佛教徒因了悟水中布满微生物，为不杀生只好自杀。

谈到佛教，总让人很自然想起古寺和钟声。比起和尚来，古寺钟声似乎更接近佛学精义。文人可能嘲讽专吃菩萨饭的大小和尚，可对横亘千年回荡寰宇的古寺钟声却不能不肃然起敬。徐志摩惊叹："多奇异的力量！多奥妙的启示！包容一切冲突性的现象，扩大霎那间的视域，这单纯的音响，于我是一种智灵的洗净。"（《天目山中笔记》）如果嫌徐氏的感慨过于空泛，那么请读汪曾祺记承天寺的《幽冥钟》。幽冥钟是专门为难产血崩死去的妇人而撞的，"钟声撞出一个圆环，一个淡金色的光圈。地狱里受难的女鬼看见光了。她们的脸上现出了欢喜"。并非所有的钟都如承天寺的幽冥钟，乃"女性的钟，母亲的钟"；可钟声确实沟通了人间与地狱、实在与虚无、安生与超越，比起有字的经书来似乎更有感召力。

三

僧人流品不一，有可敬也有不可敬。最为世人所诟病的"专吃菩萨饭"的和尚，其实也坏不到哪里去。就看你怎么理解宗教徒了。苏曼殊的不僧不俗亦僧亦俗至今仍为人所称羡，不只是其浪漫天性，其诗才，更因其对宗教的特殊理解。至于龙师父这样“剃光头皮的俗人”，一经鲁迅描述，也并不恶俗，反因其富有人情味而显得有点可爱（《我的第一个师父》）。写和尚不突出渲染色空观念，却着意表现其世俗趣味（首先是人，其次才是宗教徒），这种创作倾向贯穿于废名的《火神庙的和尚》、老舍的《正红旗下》和汪曾祺的《受戒》等一系列小说。这种既非高僧也非恶和尚的普通僧人的出现，使得20世纪中国作家对人性、对宗教的本质有了进一步的了解。只可惜好多作家转而拜倒在弗洛伊德门下，一门心思发掘僧人的性变态，这又未免浅俗了些。

有趣的是，围绕着一代高僧弘一法师，出现了一批很精彩的散文。一般来说，高僧不好写，或则因过分崇拜而神化，或则因不了解而隔靴搔痒。作为现代话剧运动和艺术教育的先驱，弘一法师披剃入山前有不少文艺界的朋友，而且俗僧生活的距离，并没有完全切断他们之间的联系。弘一法师可以说是20世纪中国最为文人所了解的僧人，这就难怪几十年来关于弘一法师的纪念文章层出不穷，且不少甚为可读。

“五四”新文学作家中具有“隐逸性”的远不只废名、许地山、夏丏尊、丰子恺等三五人；周作人五十自寿诗引起的一大批“袈裟”，并非只是逢场作戏。俞平伯《古槐梦遇》中有这么一句妙语；“不可不有要做和尚的念头，但不可以真去做和尚。”亦处亦出、亦僧亦俗的生活态度，既为中国文人所欣赏，又为中国文人所讥笑——讥笑其中明显的矫情。1936 年郁达夫拜访弘一法师后，曾作诗表白自己矛盾的心态："中年亦具逃禅意，两道何周割未能。"对照其小说，郁达夫并没有说谎。而据丰子恺称，夏丏尊十分赞赏李叔同（弘一法师）的行大丈夫事，只因种种尘缘牵阻，未能步其后尘，一生忧愁苦闷皆源于此（《悼夏丏尊先生》）。也就是说，弘一法师以其一贯的认真决绝态度，把文人潜藏的隐逸性推到极端，抛弃不僧不俗的把戏，完全割断尘缘皈依我佛。就像俞平伯所说的，"假如真要做和尚，就得做比和尚更和尚的和尚"（《古槐梦遇》）。这一点令作家们感到震惊和惭愧。因而不管是否信仰佛教，他们对弘一法师学佛的热情和信念都表示尊重和敬畏。即使像柳亚子这样以为"闭关谢尘网，吾意嫌消极"的革命诗人，也不能不为其"殉教应流血"的大雄大无畏所感动。

不见得真的理解弘一法师的佛学造诣，也不见得真的相信弘一法师弘扬律宗的价值，作家们主要是把他作为"真正的人"、一个学佛的朋友来看待的。弘一法师之所以值得尊敬，不在于他是否能救苦救难，而在于他找到了一种最佳的生活方式，尝到了生活的真滋味。夏丏尊反对说弘一法师为了什么崇高目的而苦行，"人家说他在受苦，我却说他是享乐"。在他，世间几乎没有不好的东西，就看你能否领略。"对于一切事物，不为因袭的成见所缚，都还他一个本来面目，如实观照领略，这才是真解脱，真享乐。"（《〈子恺漫画〉序》）而叶圣陶则从另一个角度来理解弘一法师的自然平静如“春原上一株小树”。不管信教与否，人生不就希望达到“春满”“月圆”的境界吗？弘一法师“一辈子‘好好的活’了，到如今‘好好的死’了，欢喜满足，了无缺憾”（《谈弘一法师临终偈语》）。没有实在的功绩，也不讲辉煌的著述，只是一句“华枝春满，天心月圆”，这在世人看来未免不够伟大，可这正是真人生的境界。学佛能进到这步田地，方才不辜负“悲欣交集”数十载。

1989 年 4 月 17 日

兼问苍生与鬼神——《神神鬼鬼》序

一

了解一个民族，不能不了解其鬼神观念。说到底，人生事不就是生与死？生前之事历历在目，不待多言；死后之事则因其神秘莫测、虚无缥缈，强烈地吸引着每一个民族的先民们。“鬼之为言归也”（《尔雅》）。问题是活蹦乱跳的“人”，归去后还有没有感觉，还能不能活蹦乱跳，这实在让人放心不下。据说，当子贡向孔子请教死人有知无知时，孔子的回答颇为幽默：“欲知死人有知将无知也，死徐自知之，犹未晚也。”（刘向《说苑》）可惜世上如孔子般通达的人实在不多，“无事自扰”的常人，偏要在生前争论这死后才能解开的谜。

在一般民众心目中，“鬼”与“神”是有很大区别的。前者祸

《神神鬼鬼》，陈平原编，人民文学出版社 1990 年

害人间，故对之畏惧、逃避，驱赶其出境；后者保佑人间，故对之崇敬、礼拜，祈求其赐福。“畏”与“敬”、“赶”与“求”本是人类创造神秘异物的两种心理基因，只不过前者坐实为“鬼”，后者外化为“神”。这样，“鬼”“神”仿佛有天壤之别，由此引申出来的各种词汇也都带有明显的情感趋向。“鬼域”与“神州”不可同日而语；君子必然“神明”，小人只能“鬼黠”；说你“心怀鬼胎”“鬼鬼祟祟”，与说你“神机妙算”“神姿高彻”根本不是一回事。只是在强调其非人间或非人力所能为这一点上，鬼、神可以通用。比如“鬼工”就是“神工”，“神出鬼没”与“鬼使神差”中鬼神不分；

至于“文化大革命”中使用频率最高的“牛鬼蛇神”，更是把鬼神一锅煮了。

也有努力区分鬼、神的哲人，着眼点和思路自然与一般民众不同。汉代的王充以阴阳讲鬼神，称“阴气逆物而归，故谓之鬼；阳气导物而生，故谓之神”(《论衡》)。宋代的朱熹则赋予鬼、神二名以新义，将其作为屈伸、往来的代名词，全无一点宗教意味：“气之方来皆属阳，是神；气之反皆属阴，是鬼。午前是神；午后是鬼。初一以后是神；十六以后是鬼。草木方发生是神；凋落是鬼。人自少至壮是神；衰老是鬼。”(《朱子语类》)如此说神鬼，已失却神鬼的本来意义：天下万事万物都是神鬼，神鬼也就没有存在价值了。

我之不想区分神、鬼，并非鉴于哲人的引申太远和民众的界说模糊，而是觉得这样说起来顺些。本来人造鬼神的心理，就像一个硬币的两面，根本无法截然分开。说近的，现实生活中多的是“以鬼为神”或者“降神为鬼”，鬼、神的界限并非不可逾越。说远的，先秦典籍中“鬼神”往往并用，并无高低圣俗之分，如《尚书》中的“鬼神无常享”、《左传》中的“鬼神非人实亲”、《礼记》中的“鬼神之祭”，以及《论语》中的“敬鬼神而远之”等。先秦时代的鬼神，似乎具有同样的威力，也享受同样的敬畏与祭祀。

再说，详细辨析鬼神观念的发展变化，并加以准确的界定，那是学者的事。至于文人的说神道鬼，尽可不必过分认真，太拘泥于概念的使用。否则，文章可能既无“神工”也无“鬼斧”，只剩下一堆大白话。也就是说，如果是科学论文，首先要求“立论正确”，按照大多数经过科学洗礼的现代人的思路，自然最好是宣传无神论，或者大讲不怕鬼的故事。可作为文艺性的散文，则鬼神不分没关系，有鬼无鬼也在其次，关键在“怎么说”，不在“说什么”。只要文章写得漂亮，说有鬼也行，说无鬼也行，都在可读之列。有趣的是，大多数有才气有情趣的散文，不说有鬼，也不说无鬼，而是“疑鬼而亲之”——在鬼神故事的津津乐道中，不时透出一丝嘲讽的语调。或许，坚持有神鬼者和一心辟神鬼者，都不免火气太盛、教诲意识太强，难得雍容自适的心态，写起散文来自然浮躁了些。

二

周作人在《谈鬼论》中曾经说过，他对于鬼故事有两种立场不同的爱好，一是文艺的，一是历史的（民俗学上的）。对于20世纪的中国作家，还应加上第三种立场的爱好：现实政治斗争的。从艺术欣赏角度谈鬼，从民俗学角度谈鬼，与从现实斗争角度谈鬼，当然有很大不同。不应该单纯因其角度不同而非此即彼或者扬此抑彼，但这并不意味着不可以对其有所褒贬。只是必须记得，这种褒贬仍然有社会学的、民俗学的和文艺学的之别。

对于20世纪的中国作家来说，生活实在太紧张太严肃了；难得有余暇如周作人所吟咏的“街头终日听谈鬼”。这就难怪周氏《五十自寿诗》一出来，就引起那么多激进青年的愤怒。现实中的神鬼为害正烈，实在没有心思把玩鉴赏。于是，作家们拿起笔来，逢神打神，遇鬼赶鬼。虽说鬼神不可能因此斩尽杀绝，毕竟尽到了作家的社会责任。

后人或许不理解这个时代的作家为什么热衷于把散文写成“科普读物”，甚至提出了“了解鬼是为了消灭鬼”这样煞风景的口号，比起苏东坡的“姑妄听之”，比起周作人的“谈狐说鬼寻常事”，未免显得太少雅趣。陈独秀的话部分解答了这个问题：“吾国鬼神之说素盛，支配全国人心者，当以此种无意识之宗教观念最为有力。”（《有鬼论质疑》）致力于社会进步的现代中国作家，不能不请科学来驱鬼——即使明知这样做没有多少诗意。是的，推远来看，鬼神之说挺有诗意，“有了鬼，宇宙才神秘而富有意义”（许钦文《美丽的吊死鬼》）。可当鬼神观念纠缠民心，成为中国发展的巨大障碍时，打鬼势在必行，作家也就无权袖手旁观，更不要说为之袒护了。清末民初的破除迷信、80年代的清算现代造神运动，都是为了解放人的灵魂。如此巨大的社会变革，从人类发展史来看，不也挺有诗意吗——当然，落实到每篇文章又是另一回事。

文人天性爱谈鬼，这点毋庸讳言。中国古代文人留下那么多鬼笔记、鬼诗文、鬼小说和鬼戏曲，以至让人一想就手痒。虽说有以鬼自晦、以鬼为戏、以鬼设教之别（刘青园《常谈》），但谈鬼可自娱也可娱人，我想，这一点谁也不否认。李金发慨叹："那儿童时代听起鬼故事来，又惊又爱的心情！已不可复得了，何等可惜啊！"(《鬼话连篇》)之所以"不可复得"，因为接受了现代科学，不再相信神鬼。倘若摒弃鬼神有利于社会进步，那么少点"又惊又爱"的刺激，也不该有多大抱怨。这也是为什么这个世纪的文人尽管不乏喜欢谈鬼说神的，可大都有所克制，或者甚至自愿放弃这一爱好的原因。

30年代中期，《论语》杂志拟出版"鬼故事专号"，从征文启事发出到专号正式发排才十五天时间，来稿居然足够编两期，可见文人对鬼的兴趣之大。除周作人此前此后均曾著文论鬼外，像老舍、丰子恺、梁实秋、李金发、施蛰存、曹聚仁、老向、陈铨、林庚、许钦文等，都不是研究鬼的专家，却也都披挂上阵。好多人此后不再谈鬼，很可能不是不再对鬼感兴趣，而是因为鬼神问题在20世纪的中国，基本上是个政治问题，而不是文化问题。要不打鬼，要不闭口，难得有姑妄言之、姑妄听之的"小品心态"。也就30年代有过这么一次比较潇洒而且富有文化意味的关于鬼的讨论，余者多从政治角度立论。不说各种名目的真真假假的"打鬼运动"，即使编一本《不怕鬼的故事》或讨论一出鬼戏，都可能是一场政治斗争的信号或标志。这么一来，谈神说鬼成了治国安邦的大事，区区散文家也就毋庸置喙了。勉强要说也可以，可板起面孔布道，笔下未免滞涩了些。

三

“可怜夜半虚前席，不问苍生问鬼神”，李商隐的《贾生》诗，曾令多少怀才不遇的文人感慨唏嘘。时至20世纪，再自命“贾生才调更无伦”者，也不敢奢望“宣室求贤访逐臣”了。即便如此，不谈苍生谈鬼神，还是让人胆怯乃至本能地反感。古代文人固然甚多喜欢说鬼者，知名的如苏轼、蒲松龄、纪昀、袁枚等，可据说或者别有怀抱、或者寄托幽愤。今人呢？今人实际上也不例外，都是兼问苍生鬼神。正当“鬼故事专号”出版之际，就有人著文捅破这层窗户纸，诉说不谈国事谈鬼事的悲哀，结论是“客中无赖姑谈鬼，不觉阴森天地昏”（陈子展《谈鬼者的悲哀》）。

茶棚里高悬“莫谈国事”的告示，可并不禁止“白日说鬼”；报刊中要求舆论一律，可也不妨偶尔来个“鬼话连篇”。无权问苍生，只好有闲谈鬼神，这是一种解释；无权直接问苍生，只好有闲假装谈鬼神，这又是一种解释。中国现代作家中无意于苍生者实在太少，故不免常常借鬼神谈苍生。鲁迅笔下“发一声反狱的绝叫”的地狱里的鬼魂（《失掉的好地狱》），老舍笔下无处无时不令人讨厌的“不知死的鬼”(《鬼与狐》),周作人笔下“附在许多活人身上的野兽与死鬼”(《我们的敌人》),还有李伯元笔下的色鬼、赌鬼、酒鬼、鸦片烟鬼(《说鬼》)何尝不是都指向这“清平世界朗朗乾坤”?清人吴照《题〈鬼趣图〉》早就说过:“请君试说阎浮界,到底人多是鬼多?”

不管作家意向如何,读者本来就趋向于把鬼话当人话听,把鬼故事当人故事读,故不难品味出文中隐含的影射、讽喻或者根本就不存在的暗示与引申。即使把一篇纯属娱乐的鬼故事误读成意味深长的政治寓言也不奇怪,因为“鬼世界”本就是“人世间”的摹写与讽喻。正如曹聚仁说的:“为鬼幻设十殿阎罗,幻设天堂地狱,幻设鬼市鬼城,也是很可哀的;因为这又是以人间作底稿的蜃楼”(《鬼的箭垛》)。一般地说,“牵涉到‘人’的事情总不大好谈,说‘鬼’还比较稳当”(黄苗子《鬼趣图和它的题跋》)。但也有例外,说鬼可能最安全也可能最危险,因为鬼故事天生语意含糊而且隐含讽刺意味。当社会盛行政治索引和大众裁决,而作者又没有任何诠释权时,鬼故事便可能绝迹。谁能证明你的创作不是“影射现实发泄不满”?“鬼”能证明吗?

还有另一种说鬼,不能说无关苍生,但确实离现实政治远些,那就是从文化人类学角度出发,借助鬼神的考察来窥探一个民族的心灵。不同于借鬼神谈苍生,而是谈鬼神中的苍生,或者说研究鬼中的“人”。这就要求多一点理解,多一点同情,多一点文化意味和学识修养，而不只是意气用事。周作人说得好：“我不信人死为鬼，却相信鬼后有人，我不懂什么是二气之良能，但鬼为生人喜惧愿望之投影则当不谬也。”（《鬼的生长》）虽说早在公元1世纪，哲学家王充就说过鬼由人所生之类的话：“凡天地之间有鬼，非人死精神为之也；皆人思念存想之所致也。”（《论衡》）但是，王充着眼于破有鬼论，周作人则注重鬼产生的文化心理背景，两者仍有很大差别。在理论上，周作人谈不上什么建树，他所再三引述的西方人类学家弗来则等对此有更为精细的辨析。不过，作为一个学识颇为渊博的散文家，认准“鬼后有人”，“听人说鬼实即等于听其谈心”（《鬼的生长》），在中国古代典籍中钩稽出许多有关鬼的描述，由此也就从一个特定角度了解了“中国民族的真心实意”。经过周氏整理、分析的诸多鬼故事，以及这些谈论鬼故事的散文小品，确实如其自称的，是“极有趣味也极有意义的东西”。至于这项工作的目的与途径，周作人有过明确的表述：“我们喜欢知道鬼的情状与生活，从文献从风俗上各方面去搜求，为的可以了解一点平常不易知道的人情，换句话说就是为了鬼里边的人。”（《说鬼》）代代相传的辉煌经典，固然蕴藏着一个民族的灵魂；可活跃于民间、不登大雅之堂的鬼神观念及其相关仪式，何尝不也代表一个民族心灵深处的隐秘世界？前者历来为学者所重视，后者在思想史研究上的意义尚未得到普遍的承认。当然，不能指望散文家做出多大的学术贡献，可此类谈神说鬼的散文确实引起人们对鬼神的文化兴趣。借用汪曾祺的话，“我们要了解我们这个民族”(《水母》)，因此，我们不能撇下鬼神不管。在这方面，散文家似乎仍然大有可为。

四

20世纪初，正当新学之士力主驱神斩鬼之时，林纾翻译了“立义遣词，往往托象于神怪”的莎士比亚的戏剧和哈葛德的小说。为了说明专言鬼神的文学作品仍有其存在价值，林纾列出两条理由，一为鬼神之说虽野蛮，可“野蛮之反面，即为文明。知野蛮流弊之所及，即知文明程度之所及”(《〈埃及金塔剖尸记〉译余剩语》)；一为政教与文章分开，富国强兵之余，“始以余闲用文章家娱悦其心目，虽哈氏、莎氏，思想之旧，神怪之托，而文明之士，坦然不以为病也”(《〈吟边燕语〉序》)。用老话说，前者是认识意义，后者为文学价值。

三十年后，梁实秋再说莎士比亚作品里的鬼，可就只肯定鬼是莎氏戏剧中很有用的技巧，而且称“莎士比亚若生于现代，他就许不写这些鬼事了”(《略谈莎士比亚作品里的鬼》)。或许一般读者还没有真正摆脱鬼神观念的束缚，还很难从文化人类学角度客观考察鬼神的产生与发展，故文学作品不宜有太多鬼神。说起古代的鬼诗、鬼画、鬼戏、鬼小说来，作家们大致持赞赏的态度；可一涉及当代创作，则都谨慎得多，不敢随便表态。“如果是个好鬼，能鼓舞人们的斗志，在戏台上多出现几次那又有什么妨害呢？”这话说得很通达。可别忘了，那是有前提的：“前人的戏曲有鬼神，这也是一种客观存在，没有办法可想。”（《有鬼无害论》）也就是说，廖沫沙肯定的也只是改编的旧戏里的鬼神，至于描写现代生活的戏里能否出现鬼神，仍然不敢正面回答。

这里确实不能不考虑中国读者的接受水平。理论上现代戏也不妨出现神鬼，因那只是一种可供选择的艺术技巧，并不代表作家的思想认识水平，更无所谓“宣传迷信”。可实际上作家很少这么做，因尺度实在不好把握。周作人在谈到中外文学中的“僵尸”时称，此类精灵信仰，“在事实上于文化发展颇有障害，但从艺术上平心静气地看去，我们能够于怪异的传说里面瞥见人类共通的悲哀或恐怖，不是无意义的事情”（《文艺上的异物》）。反过来说，倘若不是用艺术的眼光，不是“平心静气”地欣赏，鬼神传说仍然可能“于文化发展颇有障害”。了解20世纪中国读者的整体文化水平以及中国作家普遍具有的启蒙意识，就不难理解为什么作家们对当代创作中的鬼神问题举棋不定、态度暧昧。直到80年代中期，这种情况才有所改变。

至于为什么鬼神并称，而在这个世纪的散文中，却明显地重鬼轻神，想来起码有两个值得注意的原因：一是鬼的人情味，一是散文要求的潇洒心态。不再是“敬鬼神而远之”，民间实际上早就是敬神而驱鬼。现代人对于神，可能崇拜，也可能批判，共同点是走极端，或将其绝对美化，或将其绝对丑化，故神的形象甚少人情味，作家落笔也不免过于严肃。对鬼则不然，可能畏惧，也可能嘲讽，不过因其较多非俗非圣亦俗亦圣的人间味道，故不妨对其调笑戏谑。据说，人死即为鬼，是“自然转正”，不用申请评选；而死后为神者，则百年未必一遇。可见鬼比神更接近凡世，更多人味。传说里鬼中有人，人中有鬼，有时甚至人鬼不分；作家讲起此类鬼而人、理而情的鬼故事来，虽也有一点超人间的神秘色彩，可毕竟轻松多了。而这种无拘无束的宽松心境，无疑更适合于散文小品的创作。

对于鬼神在艺术创作中的作用，作家们虽一再提及，其实并没有认真地研究。老舍也不过说说鬼神可以“造成一种恐怖，故意的供给一种人为的哆嗦，好使心中空洞的人有些一想就颤抖的东西——神经的冷水浴”（《鬼与狐》）；而邵洵美分析文学作品中使用鬼故事的“王易”，则明显带有嘲讽的意味（《鬼故事》）。如果说这个世纪的散文家在研究文艺中的鬼方面有什么值得注意之处的话，一是诸多作家对罗两峰《鬼趣图》的评论，一是鲁迅对目连戏中无常、女吊形象的描述。“这鬼而人，理而情，可怖而可爱的无常”（《无常》），这“大红衫子，黑色长背心，发长蓬松，颈挂两条纸锭”，“准备作厉鬼以复仇”的女吊（《女吊》），借助于鲁迅独特的感受和传神的文笔，强烈地撼动了千百万现代读者的心。这种鬼戏中的人情，很容易为“下等人”领悟；而罗两峰的《鬼趣图》和诸家题跋，则更多为文人所赏识。现代作家未能在理论上说清鬼诗、鬼画、鬼戏的艺术特色，可对若干以鬼为表现对象的文艺作品的介绍评析，仍值得人们玩味——这里有一代文人对鬼神及“鬼神文艺”潜在而浓厚的兴趣。

1990年6月27日

未知死　焉知生 ——《生生死死》序

一

不知天下是否真有齐死生因而超死生的至人；即便此等与造化为一的至人，恐怕也无法完全不考虑死生问题。“生而不说，死而不祸，知终始之不可故也”（《庄子 · 秋水》），也还是因知觉生命而顺应生命。怕不怕死是一回事，想不想死、说不说死又是一回事。古今中外确实真有因各种原因而不怕死者，可除了傻瓜，有谁从不考虑死生问题？“死去何所道，托体同山阿”（陶渊明）；“生时不须歌，死时不须哭”（王梵志），此类哲人诗句固是极为通脱豁达，只是既如是，又何必老把生死挂在嘴上？可见说是忘却生死，其实谈何容易。

毕竟死生事大，人类最难摆脱的诱惑，或许就是生的欲望和

《生生死死》，陈平原编，
人民文学出版社 1990 年

死的冥想。而这两者又是如此紧密地联系在一起，以至谈生不忘说死，说死就是谈生。死生殊途，除了寓言家和诗人，谁也不会真的把死说成生或把生当作死。问题是死必须用生来界说，生也只有靠死才能获得定义。在物理意义上，既生则非死，既死则非生；可在哲学意义上，却是无生即无死，无死即无生。因此，了解生就是了解死，反之亦然。故孔子曰："未知生，焉知死。"（《论语·先进》）程子曰："知生之道，则知死矣。"（《二程集·粹言·论道篇》）

人掌握不了死，可掌握得了生，这是一方面；人不可能知道生之所来，可清醒地意识到死之将至，这又是一方面。依据前者，应着重谈生；依据后者，则不妨论死。实际结果则是谈生中之死（死的阴影、死的足音）与死中之生（生之可爱、生之美丽）。

单纯赞颂青春之美丽、生命之可贵，当然也可以；不过，只有在面对死亡的威胁时，这一切的意义才真正显示出来。死促使人类认真思考生命的价值以及人作为人的本质规定。一个从不思考"死"的人，不可能真正理解人生，也不可能获得深刻的启悟。所有的宗教家、哲学家、文学家，在他们思考世界思考存在时，都不可能不直面"死亡"这一无情的事实，有时这甚至就是思考的基点和灵感。在此意义上，"死"远比"生"深刻。不妨颠倒孔夫子的名言：未知死，焉知生？

文人多感伤，在生死话题上，自然更偏于后者。像何其芳那样称"我能很美丽地想着'死'"者（《独语》），或者像梁遇春那样颇为幽默地将"人生观"篡改为"人死观"者（《人死观》），在文人中并不罕见。只是喜欢谈论死神那苍白而凄美的面孔者，未必真颓废，也未必真悲观。把人的一生说成是不断地逃避死神的追逐，固然残忍了些；可比起幻想白日飞升长生不老，或者靠"万全的爱，无限的结合"来超越生死（冰心《"无限之生"的界线》），还是更能为常人所接受。重要的是如何摆脱恐怖，在那神秘的叩门声传来之前，尽情享受人生的乐趣。在这里，作家们的妙语，有时与宗教家的祷告、心理分析家的谈话很难区分清楚：都不过是提供一种精神慰藉。只是话可能说得漂亮些，且更带情感色彩。

“生”的价值早为常人所确认，需要论证的是“死”的意义。不是“杀身成仁”或者“舍身饲虎”的伦理意义，而是作为生命自然终止的“死”的正面价值。在肯定生的同时肯定死，表面似乎有点逻辑矛盾；其实不然，之所以肯定死原是因其有利于生。老而不死，占尽儿孙的生存空间，其不道德是不言而喻的；只是如今真信不死药者已不多，即便达官贵胄，也只能如齐景公临国城而流涕：“奈何此堂堂之国而死乎？”（《晏子春秋》）正因为死亡不可避免，方才显示生命之可贵可爱。倘若真能长生不老，恐怕世人将会加倍憎恶生之单调乏味空虚无聊——神仙境界也未必真的那么值得羡慕。周作人曾引14世纪的日本和尚兼好法师的隽语：“人生能够常住不灭，恐世间将更无趣味。人世无常，或者正是很妙的事罢。”（《笠翁与兼好法师》）而18世纪的中国文人钱泳也有过类似的说法：“生而死，死而生，如草木之花，开开谢谢，才有理趣。”（《履园丛话·神仙》）用一种超然的眼光来观赏人生，才能领略生死交替中的“趣味”与“理趣”。

人生一世，当然不只是鉴赏他人和自己的生生死死，更不是消极地等待死神的来临。就像唐弢笔下那死亡之国里不屈的灵魂，“我不怕死”，可我更“执着于生”；只要生命之神“还得继续给予人类以生命”，“我要执着于生”（《死》）。在死亡威胁的背景下执着于生，无疑颇有一种悲壮的色彩，也更能激动人心振奋斗志，故郁达夫将此归结为死亡的正面价值："因感到了生也有涯，而知也无涯之故，加紧速力去用功做事业的人也不在少数，这原是死对人类的一种积极的贡献。"(《说死以及自杀情死之类》)

话是这么说，世人还是怕死的多。对于常人，没必要探究怕死到底是贪恋快乐还是舍不得苦辛，也没心思追问死后到底是成仙还是做鬼，只是记得这一点就够了："大约我们还只好在这容许的时光中，就这平凡的境地中，寻得些须的安闲悦乐，即是无上幸福。"(周作人《死亡默想》)

二

正因为生命是如此美好、如此值得留恋，人类才如此看重死亡，看重关于死亡的仪式。生命属于我们只有一次，同样，死亡属于我们也只有一次，实在不容等闲视之。古人讲礼，以丧祭为重点，因为正是在丧祭二礼中，生死之义得到最充分的表现。故荀子曰："礼者，谨于治生死者也。"(《荀子·礼论》)

死人有知无知，死后是鬼非鬼，这于丧祭二礼其实关系不大。墨翟批评儒家"执无鬼而学祭祀"(《墨子·公孟》)，恰恰说到了儒家的好处。照儒家的说法，生人注重丧礼和祭礼，并非为了死者的物质享受，而是为了生者的精神安慰。既不忍心祖先或亲友就这样永远消失，靠丧祭来沟通生死人鬼，使生命得到延伸；也不妨理解为借丧祭标明生死之大限，提醒生者珍惜生命，完成生命。就好像佛教主张护生，实是为了护心；儒家主张重死，实是为了重生。“事死如生，事亡如存”（《荀子·论礼》），关键在于生者的感觉，死者并没什么收益。说丧祭之礼是做给生人看，虽语含讥讽，却也是大实话。只是丧祭之礼所表达的一是“人情而已矣”（《礼记·问丧》），一是“慎终追远，民德归厚矣”（《论语·学而》）。借用毛泽东《为人民服务》中的话，一是“用这样的方法，寄托我们的哀思”，一是“使整个人民团结起来”。前者注重其中个体的感受，后者则突出其在群体生活中的意义。后世谈丧祭者，也多从两方面立论。

儒家由注重丧祭之礼而主张厚葬，这固然可使个体情感得到满足，却因此“多埋赋财”，浪费了大量人力物力。墨子有感于儒家的“厚葬靡财而贫民”，故主张“节财薄葬”（《淮南子·要略》），虽有利于物质生产，似乎又轻视了人的精神感受。将厚葬、薄葬之事，归结为“反映阶级之分而外，还表现了唯心与唯物这两种世界的对立”（廖沫沙《身后事该怎么办？》），难以令人完全信服。现代人容易看清厚葬以及关于丧祭的繁文缛节的荒谬，落笔行文不免语带嘲讽；可难得体察这些仪式背后隐藏的颇为深厚的“人情”。夏丏尊讥笑送殡归途即盘算到哪里看电影的友人，真的应了陶渊明的说法“亲戚或余悲，他人亦已歌”（《送殡的归途》）；袁鹰则挖苦披麻戴孝“泣血稽颡”的儿女们，“有点悲伤和凄惶是真的，但又何尝不在那儿一边走一边默默地计算着怎样多夺点遗产呢”(《送葬的行列》)。至于烧冥屋、烧纸钱及各种纸制器物的习俗，则被茅盾和叶圣陶作为封建迷信批判，以为如此“多方打点，只求对死者‘死后的生活’有利”，未免愚昧荒唐（《冥屋》《不甘寂寞》)。其实古人早就意识到死后生活的虚妄，所以还需要这些象征性的生活用具，只不过是用来表达生者的愿望和情感。《礼记·檀弓》称:“孔子谓为明器者，知丧道矣，备物而不可用也。”“备物”见生者之感情，“不可用”见生者之理智。反之，“不备物”则死者长已生者无情，“备物而可用”则生者徒劳死者无益。

当然，世人中真正领悟这些丧祭仪式的精神内涵者不多，黎民百姓颇有信以为真或逢场作戏者。千载以下，更是仪式徒存而人心不古。在接受科学思想不信鬼神的现代人看来，更不免是徒添笑料。可是，我以为，可以嘲笑愚昧麻木的仪式执行者，而不应该责备仪式本身——在种种现代人眼中荒诞无稽的仪式后面，往往蕴藏着先民们的大慈悲，体现真正的人情美。也就是周作人说的:“我们知道这是迷信，我确信这样虚幻的迷信里也自有美与善的分子存在。”(《唁辞》）体验这一切，需要同情心，也需要一种距离感。对于执着于社会改造者，民众之不觉悟与葬仪之必须改革，无疑更是当务之急，故无暇考虑仪式中积淀的情感，这完全可以理解。不过，颂扬哲人风度，提倡豁达的生死观，并不意味着完全不要丧祭之礼。具体的仪式当然应该改革，可仪式背后的情感却不应该丢失。胡适主张删除“古丧礼遗下的种种虚伪仪式”和“后世加入的种种野蛮迷信”，这样做的目的不是完全忘却死者，而是建立一种“近于人情，适合现代生活状况的丧礼”（《我对于丧礼的改革》）。

对于那些辛苦一场然后飘然远逝的先人们，生者难道不应该如李健吾所描述的，“为了获得良心上的安息，我们把虔敬献给他们的魂灵”（《大祭》）？表达感情或许还在其次，更重要的是生者借此理解人类的共同命运并获得一种真正的慈悲感与同情心。当年冯至在异国山村记录的四句墓碣诗，其实并不如他说的那般“简陋”，甚至可以作为整个人类丧祭礼仪的象征：

一个过路人，不知为什么
走到这里就死了
一切过路人，从这里经过
请给他作个祈祷（《山村的墓碣》）

三

将人生比作旅途，将死亡作为旅行的终结，这比喻相当古老。既然死亡的阴影始终笼罩着整个旅行，可见死不在生之外，而是贯穿于生之中。因此，当我们热切希望了解应该如何去“生”时，就不能不涉及怎样去“死”。

人们来到世间的途径千篇一律，离开世间的方法却千差万别。这不能不使作家对死亡的方式感兴趣。周作人把世间死法分为两类，一曰“寿终正寝”，包括老熟与病故；一曰“死于非命”，包括枪毙、服毒等(《死法》)。两相比较，自是后者更值得文人费口舌。因前者早在意料之中，就好像蹩脚的戏剧一样，还没开幕，已知结局，没多少好说的；后者则因其猝不及防，打断现成思路，颇有点陌生化效果。还有一点，前者乃人类的共同命运，超越时空的限制：唐朝人这么死，现代人也这么死；西洋人这么死，中国人也这么死。后者可就不一样了，这里有历史的、民族的、文化的各种因素，足可做一篇博士论文。

在“死于非命”中，又可分出自杀与他杀两类。从鲁迅开始，现代小说家喜欢描写杀人及看杀人的场面，尤其突出愚昧的世人在欣赏他人痛苦中流露出来的嗜血欲望。现代散文中也有此类控诉与批判，像周作人的《关于活埋》、聂绀弩的《怀〈柚子〉》、靳以的《处决》，都表示了对人性丧失的忧虑。“五四”新文化运动的一个主要理论成果就是人的觉醒，可心灵的麻痹、感情的粗暴岂是几篇文章就能扭转的？但愿能少一点“爱杀人的人”，也少一点“爱看杀人的人”，则中华民族幸甚！

“他杀”如果作为一种文化现象，理论价值不大。因被杀者的意愿不起作用，主要考察对象是杀人者。这主要是个政治问题，作家没有多少发言权。不若“自杀”，既有环境的因素，又有自身的因素，可以作为一种真正的文化现象来考察。这就难怪现代作家多对后者感兴趣。

自杀之值得研究，不在于其手段的多样（吞金服毒、上吊自沉等），而在于促成自杀的原因复杂以及评价的分歧。对于绝大多数苟活于世间的人来说，自是愿意相信自杀是一种罪恶，这样可以减轻自身忍辱负重的痛苦，为继续生存找到根据。对于以拯救天下生灵为己任的宗教家来说，自杀起码也是人生的歧途，倘若人人都自行处理生命，还要他救世主干吗？而对于社会改革家来说，自杀体现了意志薄弱：“我们既然预备着受种种痛苦，经种种困难，又为什么要自杀呢？”（瞿秋白《林德杨君为什么要自杀呢？》）当然，也有另一种声音，强调自杀作为人与生俱来的权利，将理想的实现置于个体生存之上，主张“不自由毋宁死”，而鄙视“好死不如赖活着”。

不过，在20世纪的中国，尽管也有文人礼赞自杀，可仔细辨认，都带有好多附加条件。瞿秋白称“自由神就是自杀神”，因为自杀“这要有何等的决心，何等的勇敢，又有了何等的快乐”；有此念头，就不难“在旧宗教，旧制度，旧思想的旧社会里杀出一条血路”（《自杀》）。李大钊称青年自杀的流行“是青年觉醒的第一步，是迷乱社会颓废时代里的曙光一闪”，但结论还是希望青年“拿出自杀的决心，牺牲的精神，反抗这颓废的时代文明，改造这缺陷的社会制度，创造一种有趣味有理想的生活”（《青年厌世自杀问题》）。瞿、李二君实际上都是借自杀强调人的精神价值，是一种反抗社会的特殊姿态，乃积极中之积极，哪里谈得上厌世?

在20世纪的中国，发生过好些次关于自杀的讨论；其中分别围绕三个自杀者（陈天华、梁巨川、阮玲玉）而展开的讨论尤其值得注意。讨论中既有相当严谨的社会学论文（如陶履恭的《论自杀》和陈独秀的《自杀论——思想变动与青年自杀》），也有不拘一格的散文小品——由于本书体例的关系，后者更使我感兴趣。

1905年年底，留日学生陈天华鉴于国事危急而民众麻木，为“使君有所警动”，毅然投海自杀。死前留下《绝命辞》一通，期望民众因而“坚忍奉公，力学爱国”。其时舆论普遍认为陈氏自杀是一种悲烈的壮举，整个知识界都为之震动，对唤起民众确实起了很大作用，故成为近代史上的一件大事。

1918年深秋，六十岁老人梁巨川留下《敬告世人书》，在北京积水潭投水而死。遗书称其自杀既殉清朝也殉道义，希望以此提倡纲常名教，救济社会堕落。此事也曾轰动一时。因其自言“系殉清朝而死也”，遗老遗少们自是拍手叫好；新文化阵营里则大多持批评态度。不过，也有像陈独秀那样，否定其殉清，但肯定其以身殉道的精神（《对于梁巨川先生自杀之感想》）。

1935年，电影明星阮玲玉自杀身亡，遗书中没有以一死唤醒民众的警句，而只是慨叹“人言可畏”。因其特殊身份，阮氏自杀更是成为特大新闻。在一片喧腾声中，不乏小市民“观艳尸”的怪叫和正人君子“自杀即偷安失职”的讨伐。于是，鲁迅等人不得不站出来为死者辩护，反对此类专门袒护强权而欺负弱者的“大人先生”。

从世纪初梁启超称“凡能自杀者，必至诚之人也”（《饮冰室自由书·国民之自杀》），到对陈天华自杀的众口称颂，再到对梁巨川自杀的评说纷纭，再到对阮玲玉自杀的横加指责，再到六七十年代统称一切自杀为“自绝于人民”“死有余辜”，几十年间中国人对自杀的看法变化何其迅速。这一变化蕴含的文化意义确实发人深思。说不清是中国人日益重视生命的价值呢，还是中国人逐渐丧失选择的权利。近年虽有不少诗文小说为特殊政治环境下的自杀平反；可作为一种精神文化现象，自杀仍然没有得到很好的研究。

四

用断然的手段自行终止生命，在一般情况下自是不宜提倡。人生虽说难免一死，生命毕竟还是如此苍凉而又如此美丽。一味欣赏“死”当然是病态，只会赞叹生则又嫌稚气。不说生死齐观，只要求用一种比较超然的眼光鉴赏生也鉴赏死。而这，似乎更吻合中年人的心态。在年青人那里，生的意志占绝对优势，基本不考虑死的问题；在老年人那里，死的冥想占绝对优势，尽管生的愿望仍很强烈。只有在中年人那里，“生”“死”打了个平手，故态度比较客观。

比起宋元明清文人，这个世纪的中国作家确实多点青春气息。不说推崇少年赞美青春的诸多名篇，也不说老夫真发少年狂，自把八十当十八的“豪言壮语”，最值得注意的还是由已届中年的作家写作的描述中年人心态的文章。因为“一个生命会到了‘只是近黄昏’的时节，落霞也许会使人留恋、惆怅”（冰心《落霞》），再豁达的人也无法为之辩解。硬要说“既不知‘老去’，也不必‘悲秋’”（王了一《老》），总觉得有点矫情。而古往今来，骚人墨客关于老死的吟咏，也就那么几句话，颠来倒去变不出什么新花样。

中年可就不一样，古人对人生这一盛衰交界的重要阶段似乎不大注意。杜牧诗云“只言旋老转无事，欲到中年事更多”（《樊川集·书怀》)，金圣叹文曰“人生三十而未娶，不应更娶；四十而未仕，不应再仕”(《第五才子书施耐庵〈水浒传〉序》)，都只是朦胧意识到中年乃是人生的转折点，而并未加以认真界定和论述。有一点值得注意，丰子恺等人关于中年人心态的描述，是在西方文化背景下展开的。还不是指文中征引“人生四十才开始”之类的西谚，而在于没有晚清以来新学之士之颂扬青春与生命，并抨击中国人的早衰心态，就没有现代作家笔下充满诗意的“中年”。

缺乏少年的朝气，也缺乏老人的智慧，可中年人的平淡，中年人的忧郁，中年人的宽容与通达，都自有一种独特的魅力。一切都显得那么和谐，那么从容不迫，以至你一不留神，几乎觉察不到它的存在，似乎人生就这样从青年急转直下，一夜之间进入老年。说消极点，中年是人生必不可少的缓冲带，使生命的变化显得更为理智更可理解，免得情感上接受不了那突如其来的衰老。说积极点，则中年兼有青年与老年的长处，是人生最成熟的阶段。作家们不约而同地用秋天来比喻中年，实在是再恰当不过的了。以四季喻人生，中年确实“没有春天的阳气勃勃，也没有夏天的炎烈迫人，也不像冬天之全入于枯槁凋零”，故林语堂称其偏爱秋是因为“秋是代表成熟，对于春天之明媚娇艳，夏日之茂密浓深，都是过来人，不足为奇了”(《秋天的况味》)。只是话不能说得太满，不能靠抑春夏来扬秋冬。还是苏雪林说得实在些：“踏进秋天园林，只见枝头累累，都是鲜红，深紫，或黄金色的果实，在秋阳里闪着异样的光。……但你说想欣赏那荣华绚烂的花时，哎，那就可惜你来晚了一步，那只是春天的事啊！”（《中年》）在苏雪林以及丰子恺、俞平伯、叶圣陶、梁实秋谈论中年的文章里，都取一种低调，略带自我调侃的味道，确实讲出了中年人的可爱又可悲、可敬又可怜的秋天般的心境。

又是一个不约而同，不少作家把人生比作登山，中年就是登上山顶略事休息徘徊的那一刹那。此前是“快乐地努力地向前走”，此后则“别有一般滋味”的“想回家”（俞平伯《中年》）；此前是“路上有好多块绊脚石，曾把自己磕碰得鼻青脸肿”，此后则“前面是下坡路，好走得多”（梁实秋《中年》）。“下坡路”也罢，“想回家”也罢，那是一种过来人的心态。一切都不过如此，没什么稀奇的，不值得大惊小怪，也不值得苦苦追求。“到了这样的年龄，什么都经历过了，什么都味尝过了，什么都看穿透了。现实呢，满足了。希望呢，大半渺茫了。”（苏雪林《中年》）如此说来，中年人的平淡豁达，其实也蕴含着几分无可奈何的颓唐。

与其硬着头皮为“中年”争分数，不如切实冷静地分析到中年生理上、心理上、情感上、理智上发生的一系列变化。既能赏识其已经到来的成熟，也不掩盖其即将出现的衰老。若如是，对人生真义或许会有较为深入的领悟。

1990年7月2日于京西畅春园

后记

这本小书的完成，全赖友人李君、黄君、夏君的鼓励和支持。虽说也曾做过几天作家梦，胡涂乱抹了一阵，可梦很快就破灭了。今生今世，大概也就只能做点研究，写几篇给同行传阅的论文。忽然有一天，李君告诉我，我的文字很不错，可以写点学术小品之类。老先生夸奖我的文字，那可以理解，不外提携奖掖后进的好意；友朋辈没必要客气，居然有人喜欢读我的文章，真有点受宠若惊。于是，当浙江文艺出版社向我约稿时，二话没说就应承下来了，尽管那时手头只有一篇现成的文章。

写作中碰到不少意料不到的困难，幸得黄君、夏君不断打气。黄君称现今不缺高头讲章式的学术论文，缺的是情趣盎然的小文章，这需要厚积薄发，该是学者们上阵的时候了。夏君则劝我在两本学术专著之间应插进一批轻松活泼的短文，以调节精神。尽管轻松的短文写起来并不轻松，而且似乎是可遇不可求，我还是领朋友们的情，咬着牙把这本小书写完。

明人祁承㸁著《澹生堂藏书约》，分“读书训”“聚书训”“藏书训略”三部分，大概能读书者才谈得上聚书、藏书。我则把读书人的事分成“买书”“读书”“品书”“评书”四类，每类收一辑短文。就因为我的着眼点主要不在藏书，而在用书。爱读书者大都爱逛书店，说是雅趣可以，说是恶癖也可以。买的是新印古籍或一般平装书，因而鉴别版本之类古人津津乐道的专门知识没什么好说，倒是各种琐事逸闻还有点意思。买书当然为了读书，可我谈的却是出外访读买不到的书；其中甘苦，一笑置之，叙及的清末民初小说，却颇有难得一见者，也许对研究者不无用处。“品书”与“评书”很难分，不过在我看来，“评书”要求论述精确公道，有科学性；“品书”则不妨带“个人偏见”，多点趣味性。当然，各类之间互相渗透，无法截然分开；只是刚好这四辑有话想说，故略作编排，并非想指示什么“读书步骤”。

书都快写完了，还没想出一个适当的题目。叫“×斋书话”当然是最妥当，只是未免附庸风雅。至今无斋，何来斋名？弄不好引起单位误解，再也不给分配住房，那可是大大的不值得。叫“卧读集”吧，挺潇洒的，可又有欺世盗名之嫌，明明跑了几千里路去读书，何来“卧读”的雅趣？说实话，关于“书话”的有趣一点的题目，几乎都给人用光了。无奈，只好请教友人黄君，没想到他老兄真给出了个好主意：“书里书外”。对！就叫“书里书外”。既谈书里，又谈书外，或者借书里谈书外。

我喜欢古人的题跋、今人的书话，闲来随便翻翻，不当正经事，可受益匪浅。如今邯郸学步，不敢说开卷有益，但还是希望能让人读得下去。作了篇《杂谈书话》的短文代序，交代些写作琐事的也就成了“后记”。

1987年12月21日

增订版后记

三十年前，我出版了第一本随笔集《书里书外》（浙江文艺出版社，1988 年）。在后记中，我坦承当初是被李庆西兄等怂恿，方才临阵磨枪仓促上马的。好在有了这“万事开头难”，以后就乐得放下教授的架子，随意挥洒，高头讲章之外，兼及散文随笔。两种笔墨交替使用，形成某种写作的节奏，主要目的不在文体的张力，而在保持心境的温润。

随后十年，我陆续出版了《大书小书》（广东旅游出版社，1992 年）、《学者的人间情怀》（珠海出版社，1995 年）、《阅读日本》（辽宁教育出版社，1996 年）、《书生意气》（汉语大词典出版社，1996 年）、《漫卷诗书——陈平原书话集》（浙江人民出版社，1997 年）、《游心与游目》（四川人民出版社，1997 年）等随笔集。后两种是选本，不算数；《学者的人间情怀》与《阅读日本》日后有增订版刊行。剩下来的《大书小书》和《书生意气》，选择其中谈论书籍且风格相近的，合并到《书里书外》增订版中，于是有了眼前这册旧貌换新颜的小书。

《逛书摊》以下四辑，乃这次增补的。其中《台湾行》虽收入《游心与游目》，实则初刊1994年的《读书》杂志及《南方周末》；“漫说文化”原本六则，因《漫说“漫说文化”》已入《自序自跋》（三联书店，2014年），《漫卷诗书喜欲狂》也入《读书是件好玩的事》（中华书局，2015年），不好重复收录，故仅留下四文。

书中各文，也有曾散入其他集子的。如今游子还乡，他书重刊时，自当删节。

2018年2月3日于京西圆明园花园

作者简介

陈平原，广东潮州人，文学博士，北京大学博雅讲席教授（2008—2012年任北大中文系主任）、教育部“长江学者”特聘教授、中央文史研究馆馆员、国务院学位委员会学科评议组成员。2008—2015年兼任香港中文大学中国语言及文学讲座教授（与北京大学合聘）。曾被国家教委和国务院学位委员会评为“作出突出贡献的中国博士学位获得者”（1991）；获教育部颁发的第一、第二、第三、第五、第六届高等学校科学研究优秀成果奖（1995，1998，2003，2009，2013）等。先后出版《中国小说叙事模式的转变》《千古文人侠客梦》《中国现代学术之建立》《触摸历史与进入五四》《作为学科的文学史》《左图右史与西学东渐》《大学何为》《抗战烽火中的中国大学》等著作三十余种。

生活·讀書·新知三联书店刊行陈平原编著

* 《北大旧事》（与夏晓虹合编），1998 年；
* 《茶人茶话》（与凌云岚合编），2007 年；
* 《学者追忆丛书·追忆蔡元培》（与郑勇合编），2009 年；
* 《学者追忆丛书·追忆王国维》（与王风合编），2009 年；
* 《学者追忆丛书·追忆章太炎》（与杜玲玲合编），2009 年；
* 《王瑶先生百年诞辰纪念论文集》（与温儒敏合编），2014 年。

* 《看图说书——中国小说绣像阅读札记》，2003 年；
* 《从文人之文到学者之文——明清散文研究》，2004 年；
* 《当年游侠人——现代中国的文人与学者》，2006 年；
* 《学者的人间情怀——跨世纪的文化选择》，2007 年；
* 《北京记忆与记忆北京》，2008 年；
* 《假如没有文学史……》，2011 年；
* 《花开叶落中文系》，2013 年；
* 《自序自跋》，2014 年；
* 《大学小言——我眼中的北大与港中大》，2014 年；
* 《刊前刊后》，2015 年；
* 《大英博物馆日记（外二种）》，2017 年；
* 《阅读日本》（增订版），2017 年；
* 《左图右史与西学东渐——晚清画报研究》，2018 年；
* 《书里书外》（增订版），2019 年。